ぼくの伯父さん

単行本未収録エッセイ集

伊丹十三

目次

60年代のエッセイ

父

父は僕がこれから思春期という時に退場してしまった。そこで僕は男のモデルなしに成人しなければならなかった。ぶつかってのりこえるべき壁というものがなかった。こうしてできあがった人格はおそろしく幼児的で社会的訓練を欠いたものだった。これは悲惨だった。僕はおよそ十年は確実にまわり道をしたと思う。

読書

　書物が私にとっては父親のかわりだったように思う。人生なにか問題がある時、私は解決の手がかりを書物に求めた。本好きの人間が本屋の書棚の前に立つと、必要な本はむこうからとび出してくる。本が私を呼んでくれるのだ。こうして私は多くの貴重な書物に出会った。書物なくしては私は、自分にも、妻にも、子供にも出会えなかったろう。

勉強

私は勉強が好きだ。これは私が大学を出ていないせいかもしれない。私は自分が非常に頭が悪いと感じているし、そのため常に勉強の必要にかりたてられている。また、実際、私は何でも勉強にしてしまうことにかけては名人の域に達しているかもしれない。自分も、結婚も、育児も、文章も、テレビも、映画も、あらゆることを私は勉強にしてしまう。そして五十代もなかばの今、ベンキョー人間の自分はやや自己肯定的につぶやく。人間、教えることは不可能だ。学ぶことができるだけである。

恋文

若い頃、私は恋人と遠く離れて住んでいた。私の住む町は空が美しかった。私は毎日の空の青さや雲のたたずまいを克明に恋人に書き送った。自分の感じているのと寸分たがわぬ体験を恋人にも感じさせたかった。私はさまざまな作家の文体を借りて恋文を書いた。イブセマスジ、ダザイオサム、イシカワジュン、ウチダヒャッケン。それに翻訳家のスズキシンタローなどの文体を私は完全にわがものにした。この試みは全くムダで恋人はやがてどこかの商家にとついでしまったが。

これが私の最初の表現活動であり、その表現活動が誰かと一体になりたいという一体感への身をやくような欲求に発していることは、今考えるとやや感動的でもある。

70年代のエッセイ

アメリカ人

妙な話ですが、私はアメリカ人が怖いんですね。怖いというよりは気圧《けお》されるというのかな。連中には妙な迫力のような、また、威厳の如きものが備わっていて、これが終始私を圧伏して熄《や》まない。一対一で相対した場合は、だからもう、はなから私の敗けである。いつしか私は服従する者の役割りを受け持っているし、渠《かれ》はできの悪い生徒を教える教師の如くに振る舞っているのである。

一体、なんでこんなことになってしまうのか？ 私の英語が拙いせい――じゃあないですね。アメリカ人だって日本へ来れば言葉は不自由だが、しかし連中は片言の日本語で結構パワーを発散するし、また芸者遊びなども楽しくやってのける。一体渠等の力の源泉は何であるのか？

渠等の顔付きを仔細《しさい》に観察するうち、私は、一つの見馴れぬ要素のあるのに気付いたんです。日本人の表情の中にない表情といいますかね。

「拒絶」

がすなわちそれであった。これが私の居心地を悪くしていたんです。

私の考えでは、アメリカ人は「NO」という人である。あるいは、いつでも「NO」という用意のある人である。

日本人同士話をする場合には、なんとか相手と合意しようと話をする。あるいはまた、相手の同意を当てにして話をする。いわば、われらはイエスというために生きている。

だからさ、われわれの顔は、いつも相手に甘えている、というか阿《おもね》っている。いつも相手に訴えかけるような顔付きになってますよね。

ところが、アメリカ人の顔は訴えかけてないんだ。連中の顔は城である、と私は思うんですね。城の中には武装した主が住んでいる。この、城の主は、一旦相手と見解を異にするや、毅然として「NO」と叫ぶ勇気を持っている。相手がルール違反をしたり、あるいはまた自分の権利を犯そうとしてくるならば、忽《たちま》ち友人の仮面をかなぐりすて、直ちに武器を把《と》って戦う決意を秘めている。

「常に戦う用意がある」

これがアメリカ人の基本的性格の一つであると思われる。

ただね、こういう権利意識の凝り固まったような人間が犇《ひしめ》きあってたんじゃあ社会というものは成り立たない。そこで連中はどうするか？

「ニコッと笑う」

んです。いや、ニコッというんじゃないな、ニカッといったほうがいいのかな。ホラ、よく探偵小説を読んでますと「ヒー・フラッシュド・ヒズ・ティース」なんていう表現が出てくるじゃありませんか。彼は歯を閃《ひらめ》かせた。ピカリと剝《む》き出した。

つまりね、笑うとか、微笑む、とかいうんじゃない、歯を磨く時みたいに、歯を全部見せるわけです。もう、口中歯だらけ。つまり——なんていうかな——要するにバート・ランカスターなわけよ。アレモンでニカッと笑うわけ。

でね、あれはかなり訓練してますよ、かなり訓練してる。プレジデント、あるいはエグゼキュティヴくらいになると、専門のコーチについて笑顔のレッスンをとるくらいのものだ。笑顔をより効果的ならしむるため、歯に白いエナメルを塗っているやつもいる。唇の奥に、予め、歯を「笑い型」にセッティングして歩き廻り、僅《わず》かなチャンスをも機敏に捉えて歯を閃かす者すら寡《すくな》くない。

一体、なぜこれほどまでに、連中は真剣に笑顔に取り組むのか？

つまり、笑顔が魅力的であるということは、アメリカ人において、大いなる美徳の一つであるらしいんだな。いや、美徳なんていう言葉じゃ生やさしい。これなくしてはアメリカにおいて生きること能わずという、ぎりぎり生存の一条件とでもいいましょうか。

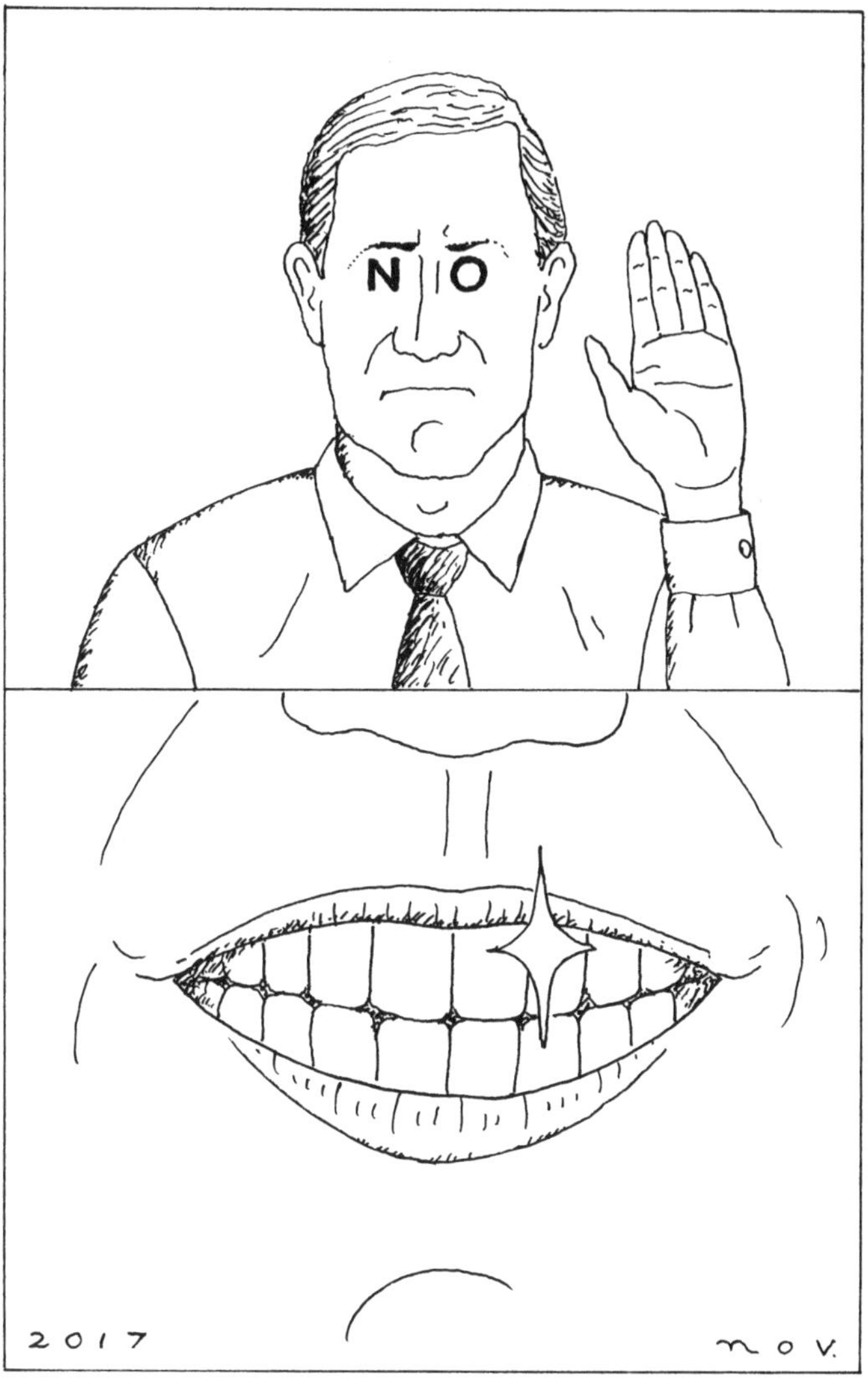
NO
2017
nov.

私は嘗《かつ》てフォード大統領を見たことがあるが、群衆を前に、あの不器用な大男は懸命に腕を挙げては笑顔を振り撒いていた。私の見ている僅かな間にも五十回は笑ったろう。彼はさながら、腕を挙げると自動的に歯を剝き出す人形の如くであった。

つまりね、大統領にしてこの努力なんです。笑顔というのは、良きアメリカ市民であるための絶対不可欠のパスポートなんだね。良きアメリカ市民は社交的であらねばならぬ、社交的であるためには笑顔が素敵でなければならぬ。会話も巧みでなければならぬ。できればジョークの天才でありたい――事実、アメリカ人の会話というのは、どんな場合にも半分ジョークだもんね。月へ着陸しようっていう時すら競争でジョークをいいあっている。

だからねえ、アメリカ人も楽じゃないと思うわけよ。いつでも戦う用意がありながら、いつでも歯を見せてニコッとできなきゃいかんというんだからね、喧嘩ができてジョークがうまくなきゃいけないんだから、これはもう大変。私なんか到底アメリカ人になる自信はない。

NOといえる独立独歩の人間。ニコッとできる協調性のある人間。これが理想のアメリカ人なんだから容易なことじゃない。ついでにいうなら、ジョークがうまいというのは、つまり、客観性、乃至《ないし》、ゆとりの表現でもありましょうか。

以前マスキーという人が大統領選挙に打って出た時、相手側陣営から夫人の人柄を中傷されるという事件があった。マスキーは直ちに反論したが、夫人を弁護するうちに泣き崩れ、これが原因で大統領選挙から脱落してしまったという。

つまりね、泣くというのは、沈着冷静の逆のイメージなんだな。なるほど、国がパニックに陥った時、大統領が泣いてしまったんじゃあ話にならない。ジョークというのはこの逆なんじゃないかな。つまり、成熟した大人であることの証明として求められている。

だからねえ、アメリカ人がニコッと笑うといっても、これはそう簡単に愛想がいいというような単純なことじゃない。独立独歩の、いわば西部の開拓者の如き屈強の男二人が顔を合わせる。すかさず一人が歯を剝いて笑う。

「さあ、俺は笑ったぞ。自分の協調性を証明したぞ。今度はお前が証明して見せる番だ」

こういうタフな人間で充満したアメリカを、日本人が尊厳を保ちつつ旅行するのはかなり難しいことである。

大方の場合、大人の庇護と同情に甘えつつ旅行する少年団の如く、日本人たちの旅行は幼いものになってしまうのである。

グッド・ピープル

アメリカの砂漠の真ん中でバーに入ったことがある。

砂漠を貫いて走るハイウェイに沿って時たまバーがあり、それは大概の場合、白いペンキを塗った、石の箱のような建物であることが多いのだが、ささやかな看板を突き出し「アイス・コールド・ビア」とか「カクテイルズ」とか「ビア・トゥ・ゴウ」とか書いてあることによってバーと知れる。

ある日私はそんな一軒に入った。

頑丈な木の扉を押して中に入ると、しんと静まった薄い暗がりが、きっちりと長方形に、砂漠の強い日射しから切り取られて澱んでいる。中は案外広い。正面の奥にビリヤード・テーブルが一台、緑の羅紗《らしゃ》にスポット・ライトを浴びているのが遙かに小さく見えるくらいだ。

左側は堂堂たる長いカウンター。カウンターの中は、一面、あらゆる酒とビールが整列している。酒の種類は驚くほどよく揃い、相当な銘柄のバーボンやスコッチが無造作に並んでいる。ほう、これは相当格調高いバーじゃないの、とようやくにして気が付いた。

で――と、ウン、別にこのバーのことをだらだら書いてもしようがないんだ。結局私は、ドラフト・ビアを一杯やりながら、チェックのシャツを着た大男と、カウンターの向うにいる、バーテンダー、といいますか、バーの親爺といいますか、とお喋りをした。

「ここはやっぱり通りがかりの客が多いのかね？」

取り敢えず訊いてみた。一体こんな人気のない土地でどんな客が来るんだろう。

「いや、ほとんど近所の人だね」

と親爺がいう。こんな広漠たる土地にもやはり隣近所というものがあるものと見える。一体隣人たちは何をする人たちなのか。牛飼いなのか、百姓なのか。

「お客さんはどんな人が多いのかね？」

この問いに対する親爺の答えは、私の予想とまるきり違うものであった。

「そうさね――」

と親爺は考えてから答えた。

「グッド・ピープルだね」

グッド・ピープル！

これは魂消《たまげ》たね。良き市民！　なんでこんな答えが返ってくるのか。魂消ながらも、私は突然アメリカが判ったような気がした。おそらく、アメリカ人というのは使命感の人たちなんだろう。

グッド・ピープルであろうとする使命感に燃える人たちなんだろう。グッド・ピープルであらねばならぬ、ということが強迫観念に近くなっている人たちなんだろう。そうでなけりゃ、どこの誰が「おたくどんなお客が多い？」と訊かれて、グッド・ピープルなんて答えるものか。

その前の日、私は砂漠の中の細い小道を走っていた。二時間に一度くらいの割で小さな侘しい村を過ぎる。村といっても、泥で固めた煉瓦を積んで作った粗末な家が十五六軒、とりとめもなく散らばっているだけのものである。

私は写真を撮ろうと、村外れの一軒の前に車を駐めようとした。

と――

車が駐まるか駐まらぬかのうちに、早や小柄な老人が一人、家の中から転がるように駈け出して来た。顔には満面の笑みを浮かべている。

「ハロー・ゼア！　よく来たな、さあ中へ入れ！」

老人は叫んだ。

「さあさあ、中へ入らんかね。ビールも冷えとるぞ。それとも、あんた、コーヒーがいいかね？なんだったら昼めしを作ってやろうか？」

喋り散らしながら、手を執らんばかりにして土の家へ招じ入れようとする。

戸惑いながらも、私は、云われるままに客となった。老人は直ちに冷たいバドワイザーの鑵を抜いて私に勧める。勧めながらも、老人はコーヒーを勧め、昼めしを勧め、要するに全身全霊、もてなしの火の玉のようになって、私を饗応し、引き止め、寛がせようとする。話題が尽きそうになると家の中を引き回す。

「これがわしの寝室だ」

「壁に掛っているのは、曾爺さんと、曾婆さんの肖像だ」

「あれは一九四六年、海軍でトーキョーに行った時の写真だ」

「これは一九三三年の洗濯機だ」

「この戸棚には鑵詰めが入ってる。友達が来た時はこれで料理を作る」

私が、そろそろ帰るきっかけを摑もうと戸口へ近づくと、立てかけてあったライフルを取りあげ、

「このライフルは、わしが十四の時、父親に買ってもらったもんだ。これで、あんた、わしはこれまでに何百羽という兎を射ったものさ」

なんとか話題を途切らせまいとする。

人の家を辞するのがあんなに辛かったことはない。車まで歩く間も、老人はまだいい続けていた。

「これで俺たちは友達になった。今度通りがかったら必ず寄ってくれ。わしの家はあんたの家だ。奥さんや子供を連れて来てもいいぞ。泊っていってもいい。いいかね、ここをあんたの家と思ってくれていいんだから。本当にビールはもういいんだね？　なんならコーヒーもあるんだが――」

それが昨日のこと。

あのもてなしぶりは一体なんだったんだろう。その不思議が、今、砂漠のバーの中で突然判ったように思えたのである。

あの老人はグッド・ピープルを演じていたのだ。心の底から演じていたのだ。あのもてなしは、自分の好みの人間が舞い込んで来たから、というような恣意的なものではまるでなかった。あの度外れた歓待は、旅人はもてなすべきもの、つまり、旅人をよくもてなすのがグッド・ピープルの務めである、という思い込みに発していたとしか思いようがない。

グッド・ピープルというのは只の「いい人」ではないのだ。グッド・ピープルであらねばならぬという使命感が血肉化してしまった人がグッド・ピープルということなのだろう。

かくして、アメリカ人は、グッド・ピープルたらんとして、人前で妻の手を握り、見知らぬ人にニコッと歯を見せて笑いかけ、ジョークをいい、敢然としてNOというのである。


「ドラフト・ビアをもう一杯」

私は注文してもう一度親爺に訊ねてみた。

「グッド・ピープルじゃない客が来たらどうするのかね?」

親爺は大きな手で、ドラフト・ビアを私の前へ押し出しながら答える。

「そうさね、そういう客は、グッド・ピープルが放り出しちまうだろうね」

怒りの旅

「怒りの旅って番組はどうかね？」

「何です、藪《やぶ》から棒に？」

「ホラ、よくわれわれ仕事で外国へ旅行するじゃない。そうすっとさあ、もう口惜しいこと多いじゃないの」

「そりゃそうだ」

「たとえばスイス」

「ああ、もう腹立つ！」

「ね？　あのスイスの農家とさあ、牧草地帯と、アルプスと湖の調和ね、こりゃあないぜって気ィするもんねえ」

「もういい工合に丘の上に城なんかあっちゃってさあ、巫山戯《ふざけ》るなって感じね、なんで俺日本人に生まれたかって親恨むもんね」

「それにさ、スウェーデンの入り江」

「ああ、これまた腹立つ！」

「ヨットが何百隻も浮かんでてさ、それがどこの金持ちのヨットかと思や、なんでもないんだよ。一般勤労者のヨットですよ。政治ってのはさ、本来自分たちの暮しを裕《ゆた》かにするためのものってことは頭では判ってても、それが風景として静かに実現してるとさ、もう――」

「歯軋《はぎし》りね、ギリギリギリギリ――」

「ね？　外国のこと考えるとさ、もう、すぐ怒れるわけよ、これを番組にしようってわけ」

「ハハア――私がレポーターやるわけ？」

「そう。怒りのレポーター。でね、たとえば今いったスウェーデン行くわけよ。で、性教育を取材する」

「これがまた憎いんだな」

「ウン、これは憎いんだけど、その先があるわけ。性教育が進んでセックスに対する偏見がなくなると、当然初体験ってのは早くなってくる。あるいはまた、まだ子供だのに結婚したいっていうのもでてくるわけだよね」

「そりゃそうだ」

「この場合、学校ではどうするか？」

「どうするんです？」

「早過ぎるセックスには反対しないが、早過ぎる結婚には反対する」

「学校が？」

「ウン。早過ぎる結婚よりは、早過ぎるセックスの方が好もしい」

「こりゃあ癪《しゃく》だねえ」

「癪でしょ？」

「もうレポーター怒ってるわけね？」

「そう。口惜し涙にくれてレポートするわけよ。でさ、もっと口惜しいのはね、学校はセックス自体には反対しないト。何に反対すると思う？」

「判んない」

「思いやりのないセックスに反対するっていうのよ。これがあんた中学だよォ」

「そこでまた怒りね」

「そう。思いやりのないセックスは咎《とが》めてもいいんだト。人間は他の人間の道具ではないんだト。これがあなた、スウェーデンの学校の指導要領だよ」

「レポーターなぜかリングに上がってるのね。右フック左フック、顔面に炸裂するね、ア、右フック、効いております！　効いたようであります！」

「俺ね、最近、ビヤネール多美子さんっていう人の、『スウェーデンの性教育と授業革命』って本読んだのよ。もう口惜しくて眠れなかったもんね。たとえばさ、スウェーデンの教育方針としてはさ、エリートを作ってはならないちゅうのよ」

「ハハァ――」

「これを、あなた、たとえば日本の文部省が決めるって想像つく？　この差はすごいぜ。社会はみんなで作るんだト。エリートを認めるってことは社会ってものが一部の権力によって動かされるもんだってことを是認することになるんだト。だからエリートは否定されねばならないっていうんだよ。だから次に出てくる原理があんた、個人的な競争は悪である、とこうきちゃうわけですよ。なぜ助け合わないんだというわけ」

「もう、レポーター、なにやら昂奮して拳《こぶし》を固めてテーブルかなんか叩いてるわけね、ガンガンガンガン――」

「まだあるのよ。教育っていうものは、良き国民を作るためのものであってはならない――」

「ウーン、人類的視野ですか。こらもう決定的ね」

「もう決定的」

「何でこう差がついちゃうのかねえ」

「結局さ、教育ってものがさ、政治より上になきゃならないって、スウェーデン人の考え方ね。つまりさ、政治なんて次元の低いもんですよ。どうにもならん重い現実を引きずってる泥まみれの世界じゃないの。その政治に教育が支配されてるんじゃ、教育から未来も理想も生まれてなんかきやしないですよ」

「教育は政治の上になきゃいかんとは、まあ、云いも云ったねえ」

「そうなんだよ。去年の選挙でも、馬鹿っぽいと思ったのはさ、各党ともさ、教育を政治の中心に据えよう！　なんて叫んでるわけだよ。それでもって新しい日本を作るんだって大演説ぶってるわけですよ。違うんだよなあ、教育を政治の次元に引きおろされて、良き日本国民なんか作られちゃ困るんだよ。今、日本じゃさ、右と左に分かれて、どっちが教育とるかって泥仕合じゃないの？　未来はこんなものであってはならない、こんなことは俺たち一代でやめにしよう、そのためには教育を政治の上におこうト、仮に自民党から共産党まで合意したという世界があったとすると、つまり、それがスウェーデンなんだよ」

「もう、レポーター、なにやら地べたで悶《もだ》えてるのね、カメラもウニョーッと悶えちゃってる」

「スウェーデンの大人というのは、次の世代を、小型の自分に作ろうとしてないんだな。大人は当然子供に超えられていいわけですよ。だからさ、スウェーデンの生徒が学校で学ぶべき最大のテーマは何か？　批判精神である、とこうきちゃうんだよ」

「ウーン」

「大人が責任とってるんだよ、要するに。子供のためとことん考えてるんだよ。だからさ、スウェーデンじゃ、中学くらいまでの間に、生徒は一年間、休息年ってのがとれるんだってさ。一年休めるわけ。ボク、今年はうんと勉強して、来年は休息年とるんだ――なあんて」

「もうレポーター、涙でぐしょぐしょ」

「番組の最後は、高村光太郎の詩だね。北欧の入り江にかぶってさあ、朗読ね。根付《ねつけ》の国っての、知ってる?——頬骨が出て、唇が厚くて、眼が三角で、名人三五郎の彫った根付の様な顔をして、魂をぬかれた様にぽかんとして、自分を知らない、こせこせした、命のやすい、見栄坊《みえぼう》な、小さく固まって、納まり返った、猿の様な、狐の様な、ももんがあの様な、だぼはぜの様な、麦魚《めだか》の様な、鬼瓦《おにがわら》の様な、茶碗《ちゃわん》のかけらの様な日本人——」

「…………」

「おいおい、レポーターが今から泣いちゃいけないいな」

大入道

カメラマンの友人が「大入道《おおにゅうどう》」の撮影を済ませて昂奮して帰ってきた。「大入道」というのは、雲つくような大男の刑事が、快刀乱麻、犯罪事件を解決してゆく、一種のスーパーヒーローもののテレビシリーズである。

「どうだったね、大入道先生は？　相変らず冴えてたかね？」

私は訊ねた。

「いや、こらもうすごかった。やっぱりあらあ天才ですね」

「あなたでもそう思うかね」

「いやあ、まあ面白いと思ったのはね、われわれドキュメンタリーずっとやってるじゃありませんか。いわばさ、台本なし、カット割りなしってのが当り前の世界じゃないですか。彼は全然別の方から出発して同じようなとこへ辿《たど》り着いてるわけですよ」

確かにわれわれの仕事にはかつて台本などというものはほとんど存在した例《ため》しがなかった。実際に起ることを撮るのだから、あらかじめ台本など作っても意味をなさない。その代り、一度しか起らないことを撮る、という決意とプライドをみなが持っていた。

ただし——そうはいうものの、仕事に出る場合、ただ闇雲《やみくも》に、何の成算もなく現実に立ち向かうわけではもちろんない。ディレクターもカメラマンもレポーターも、全員、おのおのの分野でそれぞれ胸に一物を秘めている。あとは現実にぶつかって全員一斉に走るだけなのだ。その時の各人の燃焼の工合によって、だれにも計算できなかった高みにまで持ち上げられることがある。それが楽しくてチームを組んできた。上意下達の世界ではなかった。いわば横一線の世界であった。

最近では、ドキュメンタリーとドラマが綯《な》い交《ま》ぜになった作品に傾向が移ってきたため、一応の台本を作ることも増えてはきたが、それとて、そこからどこかへ跳ぶための踏み台としての台本である。そこへ跳ぶための台本ではなかった。

友人によれば、大入道は、どこかへ跳ぶための台本という考えに近づいてきているらしいというのだ。

「たとえばね、大入道はさ、絶対、あらかじめカット割りしないわけよ」

「そりゃしかし正論じゃない？」

「そうなのよ。監督がさあ、定規かなんか使ってさあ、台本にきちイッとカット割りの線かなんか引いて現場へ出てくると、なにやらもういじましいもんねえ」

「そうねえ、大体、綺麗《きれい》にカット割りの線引いてくる人ほど硬直してるでしょ。芝居がカット割りにあわないと芝居の方直して辻褄《つじつま》あわしちゃうからね」

「現実に適応できないというか――でもさ、そういう意味じゃスタジオドラマの方がひどいよね、指、パチッだもんね」

友人は指をパチリと鳴らしてみせた。

スタジオドラマの立ち稽古《げいこ》の際、ディレクターは、カット割りの済んだ台本片手に芝居に立ち会う。カット割りに従って芝居のあいまあいまに指をパチリパチリと鳴らす。ここでカットが変るということを俳優に知らせるのである。総じて無能なディレクターほど、このパチリという指の音が冴えている。

パチリパチリと指を鳴らしながら、彼は芝居なんか見てやしない。彼が見ているのは、台本に引かれた、大事な大事なカット割りの線だけなのだ。

「すると大入道のとこじゃ、現場で芝居見てカット割り決めるわけね」

「当然そうですね――そうでもあるし、またね、台本がやたら現場で変るのよ」

「というのは大入道が変えるわけ?」

「そう。なんたってすごいぜ。台本一冊全部彼が口で直しちゃうんだから。全部演《や》って見せちゃうんだから――あのね、すごい上流階級の人がさ、洋服作るシーンがあったんだな。台本、類型的でまるきり面白くもなんともないわけよ。どうすんのかと思ったらさ、大入道がさ、そのオートクチュールになってさ、セリフその場で全部作っちゃうのよ」

「ホウ」

「よくお似合いでいらっしゃいます——あらそうかしら、もうちょっとってとこじゃないかしら——いえ、それでよろしゅうございます。お洋服、完全にお似合いになってしまいますとホステスになってしまいます。上流の方のお洒落《しゃれ》は、最高級のものをほとんど完璧《かんぺき》に、しかしちょっとだけカッコ悪くお召しになるのがコツでございます——なあんていうのよ」

「へへえ——」

「洋服なんぞは俗世間のものでございましょ。俗世間へ降りてらしって、若干居心地がお悪い、その感じが残ってて当り前でございます。そのカッコ悪さが気品と権威に見えるわけでございます。完全に似合っちゃいけません。完全に似合うような女はごろごろしております」

「うまいもんだねえ」

「うまいんですよ。そのあとすぐ今度はギャングになってギャングのセリフね、これがまたうまい。うまいからだれも反対できない。何だってそうなのよ。カメラから照明から美術から衣裳から殺陣《たて》から、何から何まで知ってて全部口を出す。全部当ってるわけね。だからさあ、結局映画の世界ってのはさ、判ってる人がよりよい仕事しようとすると、どうしてもワンマンにならざるをえないような体質を持ってるのね」

「で、どうなの？　スタッフは生き生きしてるわけ？」

「そこなんだなあ、スタッフは全員だれてるんですよ。つまり、全員、ワンマンの意図を実現するためのただの道具なのね。だから裏じゃ大入道の陰口ばっかりよ。今日は何時に終るやろ——さあ、大入道《コレ》が口出さはらへんかったらなあ、早よ終るわあ、かなんかでさ」

「ヘッヘ。目に見えるね、その情景」

「そんでさ、また大入道が遅刻してくるんだよな。一時間二時間遅れてくる。スタッフはブーブーいってるんですよ。ブーブーいいながらもね、所詮《しょせん》これは鱓《ごまめ》の歯軋《はぎし》りである、本人が出現したら当然自分は黙ってしまうであろうってこと、心のどこかで知ってるわけだよ」

「仕事が始る前に、すでに一種、心の荒廃というか、腐蝕された状態があるのね」

「そう——だからさ、惜しいんだよね、いつの間にか周囲が全部イエスマンになっちゃってる。ぶつかりあいのない世界なのよ。だから全部彼の意図が実現しても、それは決して彼を超えないよね。折角あれだけの才能がありながら、あの人は絶対自分の才能超えられない組織を作っちゃってるわけよ」

「彼の水準が高くなればなるほど、横一線に並ぶ人間が少くなるわけだもんね」

「そう」

「その点われらは全員参加して役割り分担するという組織だけは申し分ないが」

「力のほうとなると——」

「そうなんだな。でもいつか勝負したいね。民主主義勝つか、独裁制勝つか。大入道にも頑張ってもらわなくちゃ」

判断の人

初めてフィルム・ドキュメンタリーのディレクターをやった時は驚いた。なにしろバスが停らないのである。

藪から棒にバスが停らないなんていったって何のことだか判らないだろうから順を追って説明するが、私は、出演者として番組に出ている時、どちらかといえば演出やカメラに口を出す方の人間である。いや、もう出して出して出しまくる。台本はもちろんのこと、カメラアングルからマイクの位置、照明プラン、衣裳、小道具、編集、ダビング、すべてに亘《わた》って口を出す。自分のあらゆる知識、あらゆる人生経験を総動員して演出家に迫りに迫る。理由は何か？　ただ一つ、いい仕事がしたい、これなんです。

私は多分現場では嫌われ者なのだと自分で思う。本当にわれながらそう思う。

しかし――

しかしですね、演出家にとって私は、実は、うるさいけど便利な人であるのではないか。実は得難い「提案の人」であり「発想の人」であるのではないか。そう思う理由を述べようというのが本稿の狙《ねら》いであります。

さて——

初めてディレクターをやった時は驚いた。

確か伊豆だかどこだかをスタッフとマイクロバスで走っているのである。この辺で伊豆の風景をいくつか撮っておこうというので、われわれはさっきからバスを走らせている。

蜜柑《みかん》畑が過ぎる。石垣が過ぎる。小さな漁港が過ぎる。ア、あれも伊豆らしいな、ォ、遠くを電車が走っている。海が光ってるぞ、この田圃《たんぼ》も悪くない、ア、ア、あの網！　あの網！　あの網を干してるとこ！　あれは実に伊豆だ！　ウワァ薄《すすき》が光ってる、これだ、これだ、などと心は千千《ちぢ》に乱れながらただ一と言、

「ハイ、ここで停めて！」

この言葉が出ない。あの風景この風景、飛ぶが如くに通り過ぎて、スタッフたちは何を考えているのか、むっつりと黙りこんだまま、バスは風のように走りに走るのであった。

「そこでね、私はハタと判ったわけだよ。演出家っていうのは判断の人なのね」

「そうかなあ。演出家っていうのは発想の人じゃないの？」

「いや、もちろん発想の人でもあるけどさ、事実、今のバスの例でゆくと、ア、この風景かな、ア、

この風景かな、っていうのは発想の連続だよね。だけど、その発想の中からどれかに決めなきゃいけない、これが演出なんだよ。判断の人なのですよ」

「じゃあ、決めりゃいいじゃないですか」

「それがさあ、みんな黙ってるでしょ、決めるのは自分でしょ。そうなると、突如自信がぐらつくのね。発想が俄《にわ》かに根拠を失うわけ。なんでこの風景を撮らなきゃいかんのか、なんの根拠もないわけですよ。あの時ほどもう一人自分がいればいいと思ったことなかったね。提案魔であり発想魔であるいつもの僕の役をやるやつが一人もいないんだよ」

「それはあなたの事大主義なんじゃないの？　すべての判断を自分一人で引き受けて、一切自分が取りしきろうっていう考え方が私なんか全然判んないけどね」

「だって、演出が判断しなきゃ誰が判断するのよ。判断する人いないじゃない」

「そんなことありませんよ。そォら全然違う。スタッフだってみんな発想もありゃ、判断もしますよ。

つまりさ、あなた、バスが停らなかったっていうけどさ、カメラに、適当に撮れっていえばカメラは撮りますよ。つまりカメラに判断を渡しちゃうわけですよ。その、カメラの判断をまたあなたが判断すりゃいいわけでしょ？　こう考えられないですかね。つまり、判断の人がいるから発想ができる。つまりね、精神が自由であるためには、ある程度自分の発言に責任とらなくてもいい状態が必要なんじゃないか。ブレーンストーミングと同じでね、最終的な判断をしてくれる人がいるっていう安心感、それがスタッフの精神を自由にしてくれるというふうに考えられないですかね」

「そこはあなたと同意見ね。現場で冗談いうのも同じでしょ。いいリーダーっていうのは必ず冗談がうまい。しかもうますぎない。あれはさ、冗談いって現場の雰囲気和らげてるっていうこともあるけど実はこれもブレーンストーミングと同じでね、冗談いうでしょ、下らない方がむしろいいわけ。ア、この場は、この程度の下らないことといっても馬鹿にされなくって済むんだなっていう感じね、それがみんなの精神を自由にさせて、よき発想を促すという――」

「ウン。だからね、リーダーが大っぴらに悩んじゃいかんのですよ。偉い人が悩んでたらスタッフは息をひそめてるだけになっちゃってさ、発想も蜂の頭もなくなっちゃうわけだからね。バスの中のあなたはおそらくそれだったたんじゃないのかな。あなたはみんなが発想できるためには判断の人であるべきであり、でまた、自分を判断の人であると達観した時、逆に自分の精神が自由になって発想がとり戻せる――」

「と、いう工合にうまくいくかね?」

「さあ、それは私は判断の人じゃないから判らない」

　そういえば私はコンノベンという、判断の人の代表のような演出家が喧嘩するのを目撃したことがある。

酒の席で、若いディレクターに搦《から》まれたコンノベンは、手の甲で、その若者の鼻っ柱をしたたかに打ちのめした。鼻血を流しながら、なおも咬《か》みつく若者に、五発六発とパンチを放ちながら罵詈雑言《ばりぞうごん》の限りを尽した。酔っ払いながらも彼が判断の人の本質を失っていなかったことは次の発言で知れる。

「だってさあ、あいつの発言は途中から批判じゃなくなったわけだよ。ただただ俺を否定するわけだよ。コンノベンみたいなディレクターはいないほうがいいとかさ。だからね、批判じゃない単なる否定というのはさ、これは俺に喧嘩を売ってるんだと、俺はそう判断したわけ」

しかし、コンノベンに引っぱたかれた若者もまたディレクターであった。彼はいう。

「俺はね、腕力では勝てないと思ったわけですよ。どうせ負けるとするなら、力のある負け方とは何か。アッピールを含んだ負け方とは何か。それを考えた時、全く無抵抗でいるという方法論が浮かんだわけですね。俺は咄嗟《とっさ》にそう判断したから、ここは絶対殴られっぱなしでいてやろうと思ったわけ」

演出家はやはり判断の人である――と私は思っている。

犬の毛皮

　この話を聞いた時、私自身はおよそ三十分ぐらい笑い転げたが、諸君が笑うかどうかはあまり自信がもてない。同じ話を聞いて全然笑わなかった男もいたからである。

　その時、私はある人妻と子供の性教育の話をしていた――

「あのね、このあいだ子供のベッド掃除してたらね、出てきたのよ」

「何が」

「ポルノ」

「ほっほオ、出ましたか」

「O嬢の秘密っていったかしら、ポルノ文学っていうの？　あれがね、枕の下にはいってるもんだからさ、もう私ドキドキしちゃってね」

「お宅のはいくつだっけ？」

「高校一年で男なのよね」

「で、どうしたの？」

「どうしようかと思ったんだけどさ、結局どうもしなかったわ」

「そりゃ立派だ」

「アラ、そうかしら」

「だってまるきり正常なんだしさ、第一叱るったって叱る理由ありますか？」

「ないのよねえ。なんです！　こんないやらしい本読んで！　とはいえないじゃない。そういういやらしいことしたから僕ができたんだろっていわれたら返事できないわよね」

「でも多いらしいね、そういう悩み。よく学校の先生のとこへ相談にくるんだって。子供の机からポルノの写真が見つかった。先生から叱ってやってくださいって。先生だって叱りようがないわなあ」

「どういう態度とればいいのかしらねえ、スウェーデンなんかじゃどうなってるのかしら」

「スウェーデンじゃねえ、子供がポルノを見ること自体一向に構わない。ただし、学校自体は肯定的な立場をとらないということで統一してるんじゃないかな」

「じゃあ否定はしないわけ？」

「否定する場合もある。というのはね、ポルノっていうのは女だけが屈辱的立場を強いられるとかさ、あるいは暴力的なテーマが多いとかね、そういうことがあるわけでしょ」

「そうね」

「で、それはスウェーデンの教育理念と真向から対立するわけですよ。人間は他の人間の道具であってはならないト。だから、女だけが屈辱的、あるいは暴力的に扱われちゃ、これはいけない」

「ああ、そういうふうにいえばいいわけねえ――」

「子供自身がそういう考え方になるように育てときゃ何がきたって恐くない」

「そうよねえ、O嬢の秘密なんてまるきり恐くないわねえ」

「だからね、うちはもう三歳から性教育始めたわけですよ」

「アラ、うまくいきました?」

「うまくいったもなにもね、三つの子供にとっちゃ、性教育なんてものはさ、両親の物語りなんですよ。そしてまたさ、自分がいかにしてこの世にあるかっていう物語りなわけですよ。トオチャンの性器とカアチャンの性器が合体してさ、トオチャンの性器からは精子というものが発射されてさ、それはもう凄い数が多くてね、それがみんなで競争してさ、それで、カアチャンのおなかの中にある卵子のとこへ一番早く着いたやつが、その卵子と一緒になって、それが大きくなってできたのがお前だト」

「楽しいわねえ」

「子供は喜ぶわけですよ。だってさ、なんたって競争一番早かったのが自分なんだもんね」

「そりゃそうよねえ――でも、判るのかしら、三つで」

「いや、ほんとには判ってないと思うよ」

「そうでしょ」

「その性教育をする前にさ、予備知識と思ってね、子供は母親から生まれるってこと教えたわけよね。お前は誰から生まれたのかな？　カアチャンカラ。じゃあ、トオチャンは誰から生まれたのかな？　っていうともう判んないのね」

「あら、そう？」

「そうなのよ。しばらく考えて、カアチャンカラ、なんていうわけですよ。やっぱり子供にとってカアチャンは凄いのね、森羅万象、全部カアチャンから生まれたと思ってる」

「ヘエー」

「で、それは違うのだト。トオチャンはトオチャンのカアチャンから生まれた。カアチャンはカアチャンのカアチャンから生まれたト、つまり生命の系統図を理解させるのに一週間かかった」

「フーン」

「そしたら、ある日子供がいったね。トオチャン、新鮮ナポテトカラハ、カルビーガ生マレマスヨ」

「マア」

「そういうコマーシャルがあったんだ」

「おかしいわねえ子供って」

「ウン」

「うちのはね、割に遅かったんです」

「あ、そう」

「五歳くらいだったかしら。ネエママ、ボクハドウヤッテ生マレタノっていうんですよね。あ、きたきた、って思ったけど、ここでちゃんと教えなくちゃと思ったからね――」

「教えましたか」

「教えたわけよ。ボルトとナットで説明したりね、ボルトがあるでしょ、ナットがあるでしょ、ああいうふうに組み合わさるようになってるんだって」

「ボルトとナットねえ――」

「でね、うちの庭へよく犬がきて交尾してるのなんか、うちの子見てましたからね、ホラ、うちのお庭でよくワンワンがオツナガリしてるでしょ、あのワンワンもそれと同じなの。パパとママもあのワンワンと同じようにしてあなたを作ったのよ、っていったのね」

「なるほど――」

「そしたらね、子供が不思議そうな顔してね、ホントニパパトママハソウヤッテボクヲ作ッタノ？そうよ。ワンワント同ジニ？そうよ。ジャア、二人トモ犬ノ毛皮着テヤッタノ？」

私が死ぬほど笑ったのはここだったんだけど、やっぱり、あなたおかしくなかったかな？

でもね「二人トモ犬ノ毛皮着テ？」と尋ねた子供の気持ちが私には手にとるように判るのだ。

2017
nov.

自分がどうして生まれたのかという大事な話の中に突然犬が出てきたわけでしょ、これは犬がよほど重大な意味を持ってるに違いないと子供は思いますよね。パパとママが犬になる、これがなにか決定的な秘密であると子供が思ったのも無理はない。パパとママはどうやって犬になったのか？　そうだ、毛皮を着たに違いない！　かくして「ジャア、二人トモ犬ノ毛皮着テヤッタノ？」となる。

ナニ？　まだおかしくない？　もういいです。忘れてください、この話。

オープン・エデュケイション

実をいうと今悩んでいる。

来年になると子供が小学校に入る。どこの小学校へ入れるべきか。これが悩みの種である。どの学校が進学予備校として、より効率的であるか——こういう発想はもとより私にはない。子供の学校の成績を良くしようとするなら、そんなことは簡単なことだ。小学校から中学校にかけて、毎日一時間、私が子供の勉強をチェックすれば済む話である。学力のためなら学校はどこでもいい。事実、私は今の土地へ引っ越して来て以来、子供は当然近所の公立の小学校へ入れるつもりにしてきた。

ところが、最近、電車で五つばかり行った町に、不思議な学校がある、というのを聞き知ったのである。ここに私の悩みが始まった。学校の名前を仮にKスクールとしようか。Kスクールのことを私に教えてくれたのは隣人の精神科医であった。なにしろ素晴らしい学校だと精神科医は声をひそめていうのである。一とクラスが九人か十人、それでいてエリートを養成しようというのではまるでない、親が受験一本槍の場合はハナからお引き取りをねがうのだ、というのである。

「あのね、あなたが前に出てらした、世界の学校という番組があったでしょう」

「ええ」

「あれにアメリカのオープン・エデュケイションが出てきたじゃないですか」

「ああ、サンフランシスコの——」

「ええ。あの学校の授業というのは、常識からすると、すごくお行儀が悪かったですよね。授業っていうのに、寝そべってる子がいる、サンドイッチ食べてる子がいる、教室から出て行ってしまうのもいれば、何だか計算に熱中してる奴もいる。ね？　なにか、みんなばらばらに別のことをやっている」

「そうでしたね、一斉に同じことを勉強するってのをやめちゃったというシステムだったんですね」

「そう。子供の成長の度合だとか興味の方向とかいうものは本来ばらばらなものですよね。それを、一つに纒《まと》めて黒板に向かわせ、机と椅子をきちんと並べ、出席をとって、同じ内容を全員同時に機械的に学習するというのが、果たして教育と呼べるのかどうか。教える側の能率を考えて、子供は切り捨てられているのではないのか。子供一人一人の現在の興味や好奇心に即応する方が効果的ではないのか——」

「あのね、あの時の取材班がね、取材が終ってから先生に訊ねたんだそうです。先生、どうみてもこれは子供たち、遊んでるとしか思えませんけど、って」

「ウン。先生何と答えました？」

「遊んじゃいけませんか、って」

「ハハハ、こりゃいい」

「遊んじゃいけませんか。よく考えりゃ遊びながら勉強しちゃいけない理由は何もないわけだ」

「だからKスクールではね、勉強は楽しみながらやる。忍耐とか、自分との戦いとか、何事かを達成するとかいうことはスポーツを通じて学ぶ。Kスクールは授業の半分くらいが体育なんです」

「フーン」

「私に子供がありゃ、絶対あそこに入れますね」

「あのね――ウーン――あのねえ、つまり判るんですよね。非常にいい学校だろうということは判りすぎるくらいよく判る。ただね、公立っていうのがなぜ捨てきれないかっていうと、つまり公立には縮図としての社会がある。できる奴がいたり、いじめっ子がいたり、いい教師がいたり、駄目な教師がいたりする。そういう矛盾の中へ投げ出されて、その中から自分で問題を見つけ出して、自分でこの現実を変えようとするような生き方を見つけるようであってもらいたい、という思いがあるんだな」

「なるほど」

「誰もと同じ平均的な条件の中にぽんと放り出されて、みんなと一緒に出発して、それでいてなおかつ――」

「いやいや、それはよく判ります。いじめられたり、万引きに誘われたり、そういうことを乗り越えるだけの雑草的強さを身につけてほしいという気持は判りますけれども、その方法の決定的な難点はもし失敗したら取り返しがつかないということですね」

「ウン」

「私、以前親戚の小学生の勉強を見てやったことがあるわけです。非常に優秀な子でね、素晴らしい作文を書く。ところがね、この子の国語の成績がえらく悪い。なぜ悪いか。字で減点されるんです。ここがはねてないとかね、この棒がちょっと上へ出てないから駄目だとかね、そういう、重箱の隅をつつくような採点で全部減点されてしまう」

「なるほど」

「大人は子供に何のために字を教えるのか。読書という素晴らしい世界があるのを知ってほしい。文章で自分を表現できるということを知ってほしい。そういう思いを籠《こ》めて教えるわけじゃありませんか。一点一画狂わない字を書くことが目的じゃないですよね。そういう、大人の子供に対する熱い思いといいますか、大前提が教育から抜け落ちてしまっている」

「つまり、篩《ふるい》にかけるための教育ということですか」

「そう。なんのための教育か、というのが常に現場で行方不明になってしまうんですな。どうやってこの子を伸ばそうと考える前に、既に減点というシステムが固定してしまってる。だからね、折角いいものを持ちながら、愚劣な篩にかけられて、劣等生として仕分けされて傷ついてしまった子供が日本中にどれだけいることか。その子たちがこれからの人生で一体どのくらい無駄な廻り道をすることになるのか。お宅の坊やがそうならんという保証は何もないわけでしょう？」

「ウーン」

「Kスクール、一度見に行ってごらんなさいよ」

「ア、見れるんですか？」

「いつだって見せてくれますよ。学校は社会に向かって開いているべきだ。社会と先生と生徒が学校を作るんだ、という考え方からするなら、これは当然のことですからね」

「それはいいなあ――」

「学校というのも一つのシステムですがシステムというものは本来人間のためのものである。システムが人間の存在に先行して、逆に人間を殺してしまうようなことがあってはならないのだと、学校生活を通して、お宅の坊やがこれ一つだけ肌で感じたとしたって、これは素晴らしいことじゃありませんか。それとも――まだ公立に固執しますか？」

ウーム。そんなわけで、私の心は千千《ちぢ》に乱れている。乱れながらも「息子は果たしてKスクールの試験に受かるものだろうか」などと、いつしか考え始めている自分に気付くのである。

幼児番組

「この間、駅のフォームで並んで待ってた男が、列の前を横切る男に腹を立てていきなりポンと突き飛ばすという事件があったろ？」

「あったね」

「つまりさ、あの男は喧嘩のやり方を知らないわけだね、前を通るのが気に食わないならそういえばいいいんだよ」

「ウン」

「ところが、それをいわずに内攻しちゃう。次次に人が自分の前を通り過ぎるのをじっと耐えている。こいつら、ちゃんと並んで待ってる自分を出し抜いて列に割り込む魂胆じゃなかろうかト。この疑いが遂に爆発してですね、たまたま前を通りがかった奴をポンと突き飛ばしちゃったっていうんだから、これはたまんないよ」

「一切コミュニケイション抜きでね」

「そうなんだ。その男は三十いくつで、つまりテレビで育った世代だよね。で、テレビっていうのはコミュニケイションの筈《はず》でしょ？　テレビの箱の中じゃ朝から晩までコミュニケイションやってるっていうのに、それがこの男には何の効用もなかったわけだ」

「あのね、テレビがコミュニケイションであるためには見る人間が自由であるという前提が必要なわけでしょ？　偏見、盲信、付和雷同性、二値的思考といったものから自由であるということが前提になると思うのよね。この前提を取っぱずしちゃうと、テレビは一方通行なるが故に、ともすれば人間の思考力を奪う怖るべき機械の箱になりかねない――」

「ということは、あれですか、テレビの観客というものが、自立した、批判力のある、自由な人間でなければならんとすると、人類は自分の分際を超えたものを発明しちゃったということになるわけ？」

「そうねえ――だから、あなただって番組作る時、何事かを見事に主張し切った、論旨が一貫した完成品は作らんでしょうが。常に、作ってる側の迷いや、試行錯誤や、舞台裏や、別の考え方をおりまぜて、隙間を作るでしょうが。つまり、常に情報の送り手を相対化してですね、見てる人に選択の余地を残すという作風になるわけでしょう？」

「そりゃそうだね。つまり、見てる人が自由であるということこそメッセージでありたいと思うからね」

「あのね、僕は以前、返事をするコマーシャルっていうのを考えたことがある」

「ホウ」

「仮に商品名をアイスプリンとでもしますか。画面が映ると非常に美しい少女がコンピュートピアというか、つまりSF風のセッティングの中からこちらを凝視《みつ》めている。衣裳はトップレスの宇宙服という感じですね」

「その美しい少女が返事するわけ?」

「そう。まずナレイションが入る、これは物凄い早口なんです。〈さあ、アイスプリンの、返事をするコマーシャルが始まるよ、君もどんどん話しかけてみよう、ハイ、第一問いこう!〉ここで見てる人はテレビに向かっていいたいことというわけね、〈全部脱いじゃえ〉とかさ。すると少女が、たとえばニッコリ笑って〈イエス〉っていうんだな。〈ハイ、第一問イエスと出ました。続いて第二問、いってみよう!〉今度は少女が首を振って〈ノー〉という。〈残念でした。では続いて第三問いく前にコマーシャルをどうぞ〉ここでアイスプリンを持った男がチカチカチカと倒れてゆく絵が三秒ばかり入る。〈アイスプリンを食べて、あまりのうまさに卒倒するイタミジュウゾウ! ハイ、では最後に第三問どうだ——イエス! イエスと出ました! アイスプリンの返事をするコマーシャル、まァたね!〉これを十五秒でやる」

「ヘッ、そりゃまた忙しいねえ」

「でも、やってみると可能なんですよ。でね、イエスとノーの組み合せは〈イエス、イエス、イエス〉と〈イエス、イエス、ノー〉から始めて、順序かまわずあらゆる組み合せを考えると八通りあるわけです」

「ホウ、そうなりますか」

「そうなります。この八通りを同じ分量作ってごちゃまぜにして放送する」

「答えが予測できないわけね？」

「そう」

「で、やったの？」

「やらなかった。スポンサーがのらなかった」

「どうして？」

「さあ——怖かったんじゃない？」

「フーン」

「つまり、当った場合ね、視聴者を露骨に操作してるって感じになっちゃうんじゃないかと思うんだな。でもね、発想の出発は善意だったわけよ。なんたって返事をするんだからね、テレビが」

「僕は今一番やりたいのは幼児番組ね」

「ア、僕もそう」

「幼児番組見てて腹が立つのはさ、子供はゴミなのね。集合名詞。ワイドショーの後ろの主婦と同じでね。名前を持たないわけですよ」

「そうなのよ。みんなでパンパン手を叩くとかね、〈さあ、それじゃあ、みんなで、ナントカチャンを呼んでみよう、ハイッ、ナントカチャーン〉かなんかで馬鹿っぽいんだよ、要するに」

「たまに子供に名前を訊くこともそりゃあるにはあるけど、ただ訊くだけなのよ。〈オトモダチィ〉なんていっちゃってさ、〈オトモダチはお名前何ていうの？〉なんですかねえ。気味が悪いじゃないの、オトモダチなんていう二人称はいつからあるのか。そしてそのオトモダチの集団に対して、オジサンが愚にもつかんお話をするね。このお話というものが完全に一方通行なんだな。子供は坐って聞いてるだけ。静かに聞く子がいい子なのよ。判らないことがあったって質問なんかしない子がいい子なんだっていうのがメッセージになっちゃってるってことに、作ってる人間が気がついてないんだから始末悪いわけですよ」

「セサミはやっぱり凄いね」

「子供が個人として出てくるから――」

「さっきの話じゃないけど、セサミじゃ喧嘩の仕方教えるもんね、毎回」

「口喧嘩ね」

「そう、理論闘争。オスカーがやかましい音を立てる。みんな迷惑する。ここは誰かが抗議しなきゃいかん。それが市民社会のモラルである、というんでさ、じゃあどうやって説得するかっていう話になって抗議に出かける。オスカーと理論闘争が始まって、遂にオスカーが説得される」

「つまり会話集なんだな」

「会話集であり、考え方集ね」

「ウン。だけどさ、仮にセサミを凌駕《りようが》する幼児番組作ったって、まだ駄目なんだよ。結局箱の中の出来事に過ぎんわけでしょ。あのね、ある芝居でね、お客が〈つまんないぞ！〉って声をかけた。そしたら俳優がすかさず〈つまんなかったらどうしてお前こっちへ来て面白くしないんだ〉って吹鳴《どな》り返したって話があるんだけどね」

「テレビってのは完全に〈こっちへ来る道〉っていうのを閉ざしちゃってるからねえ」

「そこに一番問題があるって気に、最近段段なってきたなあ——」

ロングネック

「アメリカの食べ物はおいしいのデース」

と、まず一と声、大きく叫んでから話を始めたいと思う。

アメリカの食べ物はまずい、と、これはもう十人が十人口を揃えていうものだから、私もアメリカへ行くまでは、てっきりそういうものだとばかり思いこんでいた。

行ってみると、なあんだ、話が全然違うじゃありませんか。うまいんですよ。もう、うまいもの続出。シーフードがうまい、野菜がうまい、メキシコ料理がなかなかいける、それにアメリカ流のフランス料理ね、これがこれでなかなかいいんだな。どういいかっていうとですね、結構うまい癖して、まるで神秘的じゃないんだな。秘伝のソースとかさ、そういう秘密主義一切なし。なんていうかね、文房具屋行ってさ、ノートください、っていうと、ノートがすっと出てくるみたいにね、簡単に出てくる感じなのね。それでいてツボは外してない。平明なんですね。明解フランス料理大全、ってなもんなのね。おかげで、アメリカから帰ったとたん、私は俄然、フランス料理の腕をあげてしまったわけですが――ンーと、こんなことといってもピンとこないでしょうから何か一つ例をあげたいんだが、どうも、うまいものだらけで話をどこから始めたらいいか戸惑ってしまうんですがア――そうですね、たとえば、ニューヨークの五番街を公園に突き当った角にプラザ・ホテルってのがありますよね。このプラザ・ホテルにオイスター・バーというのがあって、エー(ちょっと失礼、もう、なにやら涎《よだれ》が出てきちゃったので拭かせていただきますが)このオイスター・バーというのが大発明。オイスター・バーはニューヨークにはあちこちあるわけなんだが、要するに牡蠣《かき》だの蛤《はまぐり》だのを生で食わせる店なんですな。大体においてあまり格式ばらずに、まあ、日本でいえば寿司屋といったもんでしょうが、これがまあ百発百中、うまい。

その、数あるオイスター・バーの中でも、プラザ・ホテルのそれは、格調高くして、なおかつアンフォーマルであり、廉直《れんちょく》にして美味、たとえば、あのニューヨークという、半分とてつもなく豪華、半分はスラム、半分犯罪、半分ピューリタン、半分生き生き、半分死に体のですね、なにがなにやら、われわれ外国人にはよく判らぬ、腐れかかった巨人のような大都会の中をですね、社命を奉じて、朝からセコく働きまくって、息も絶え絶えになった夕まぐれ「よおし、今宵は、豪遊するぞ」などと心に決めてですよ、その豪遊の前に、とりあえず美女と待ち合わせる、なんていうのにこんないい場所はないんだな。あるいはまた、ぽっかりと時間の空いた午後の一と刻《とき》を、カウンターで、モーゼルの白など一本取り寄せて、ロングネックを酒菜《さかな》に原稿を書くなども、まことにもって悪くないわけで、もう、なんでこんな結構な店がこの世に存在するのかという驚きと感謝の念が安らかに我が身を包みこむのを感じるわけなのだが――エ？――ああ、ロングネックとは何か？――ウン、その話をしようと思って喋り始めたんだった。ロングネック！　これがいいんですよ、これが。

ロングネックというのは日本でいうと何になるのかはよく判らんが、蛤くらいの大きさの貝でしてね、プラザではこれの茹でたのが出てくる。でね、まあ、出てくるったって、そうですねえ、子供が潮干狩りに持ってく小さなバケツね、あれくらいの器に、このロングネックが一杯はいってドンと出るんだから、これは仰天する。

でね、ロングネックという名前なんですが――あれはなんていうのかねえ――ホラ、生きた貝を水に漬けておきますと、食べ物を食べようというのか、呼吸をしようという了簡《りようけん》なのか、なんかこう、指みたいなものをニューっと浅間《あさま》しく出すじゃありませんか。あの指みたいなものが思いきって長いんだな。左様、大人の小指くらいもあるでしょう。それでロングネック（ついでにいいますと、この小指は厚い皮で覆われておりますからね、この皮は剝《む》く。小指の付け根のところからツルリと剝ける仕掛けになっている）。

で、剝いた小指をつまんで引っ張りますと、よく肥えた貝の肉が殻から出てきますからね、こいつを――アッそうだ、説明するのを忘れていましたが、貝と一緒にフィンガー・ボウルくらいの器が二つ出てくるんだ。ボウルの中にはおつゆが入ってる。一つはバターの溶かしたやつ。もう一つは貝の茹で汁、といいますか、要するに蛤のお澄《すま》しを濃くしたみたいなもんだね、この二つが今、目の前にありますから、小指の端をつまんでぶらさげた貝の肉をですね、まずバターの中にトプリ、次に貝のおつゆの中にトプリと漬けてから、空中高く吊るしてパクリと食いつく（失礼、また唾が出てまいりましたが）という結構な一品なのだね。

でね、今、私、非常に特殊な例を話したと思われると癪なんですけどね、全然特殊じゃないの。この程度の美味に遭遇《そうぐう》することは、いわば毎日のことなんだな。

いいたくはないけど、プラザには大勢日本人も泊ってますよ。だけど、オイスター・バーで日本人見るってことほとんどないですもんね。結局、連中は、メイン・ダイニング・ルームかなんかでウエルダンのステーキかなんか食って、やっぱりアメリカの食べ物はひどいですな、などと嘯《うそぶ》いてるんだろうが、そらァないぜ。たとえばアメリカ人が日本へ来てですよ、毎度毎度、旅館のトンカツと鮪《まぐろ》の刺身と鶏のもも焼きかなんか食べて日本料理はひどいっていったとするか。これとまるきり同じじゃないの。

まあね、私の場合はちょっと異常なのかもしれん。なんたって私は一日一食の人だからね、もう一日中、朝から晩めしのことを考えてる。今夜どこで何を食べるか。あらゆる情報集めますよ。でさあ、その場所行ったら、まあ、メニューを二十分は絶対睨《にら》んでますよ。まあ、馬鹿らしい情熱といえば確かに馬鹿らしい。それほどまでしてうまい物を食おうということが是であるのか非

2017
nov.

であるのか、そんなことは私は知らぬ。

でもね、私は旅をしてるんです。旅をしてる私が晩めしを食うんです。晩めしを通じて、その一国の文化と対決しようとしてるんです。その国の文化に対して愛情と理解と尊敬を持ちたいという謙虚さを失いたくないとするなら、やはりその国の一番の良さというものを探り出すことは旅人の基本的な義務じゃありませんか。

最後にあなたに小さく耳打ちしましょう。

「私の信念――メニューの中に、うまい物が必ず一個はある」

親馬鹿

大阪で用を済ませて、私は、若い友人のＫ君と新幹線に乗ったわけです。

その日の新幹線は、赤ン坊や子供連れが多かった。外人の若い母親なんかもおりまして、この外人は、琵琶湖が見えるあたりで、赤ン坊を連れて車中を散歩したのですが、これはちょっとした見ものだったですね。

散歩といったって、赤ン坊は歩くわけではない、這《は》うんです。赤ン坊が、客席の間の通路の、つまり地べたをですね、這う後ろから、母親がニコリともせずについてゆく。犬の散歩同然です。私のところの赤ン坊も、よほど乱暴に育てているつもりですが、あそこまではやらぬ。やはり外人というものは、どこかわれわれと神経が違うんですね。

男一人で赤ン坊を連れている人もおりました。この人は名古屋で降りましたが駅が近づくと、赤ン坊のおしめを取り換え、赤ン坊にケープを着せ、玩具や哺乳壜《びん》をオムツバッグにしまって肩から下げ赤ン坊を抱いて降りてゆきました。どういう事情があるかは知りませんが、男が一人で赤ン坊を連れて旅行するのはやはり一種の大事業でしょう。なにかこう、壮挙を行なっているという、気負いというか、晴れがましさが、その人の顔に出ておりましたね。

それからまた、見なりの良すぎる母親というのも見ましたよ。ディオールのセーターにカシミヤのミニスカート、靴は紫色のブーツというのです。髪がまた、実に見事に人工的にセットされている。ハンドバッグは、もちろん鰐《わに》革です。子供も、当然母親の服飾プランの一部なのでしょう。高価なシェトランドのセーターの上に、上等のフランネルのスーツなど着せられている。

私は、子供は粗衣なるがよしという主義ですから、こういう、母親のアクセサリーみたいな子供を見ると、つくづく憐れみの眼差しになってしまうのですが、でも、あっちだって、手製のチャンチャンコ姿で這いずりまわる、うちの赤ン坊を見れば相当な憐憫の情を催すに違いないのですから、結局、要するにお互い、余計なお世話ということとなのでしょう。


まあ、その他にも何組かの親子がいて大阪から東京まで、ほとんど、どの瞬間にも、いずれかの子供が、むずかっていたり、泣き喚《わめ》いていたり、燥《はしや》ぎまわっていたり、車の中を、ところ狭しとばかり走りまわっていたりしており、それをまた、親たちが、それぞれの流儀で、放任したり、あやしたり、叱ったり、たしなめたり、買収したりするのですから、これはもう大変な騒ぎであります。

黒っぽい背広にネクタイ姿の、いわば乗客の基調を形成しているビジネスマンたちは、ただもう苦苦しげな表情を浮かべ、どこへも持ってゆきようのない不機嫌をもてあまして焦焦《いらいら》している。私が、ああ、一年前までは自分も、あちら側に属していたんだな、などと柄《がら》にもない感慨に耽《ふけ》っておりますと、隣に坐っていたK君が

「あァあァ、いやだ、いやだ、これだから結婚というものはしたくないなァ」と呟きました。K君は独身の医者で、なかなかハンサムな若者であります。

「そういえば、この前のA子さん、あの人はどうしたのかね」

私はK君に訊ねながら、自分が急に齢《とし》をとったように感じました。つい何年か前なら、私はその質問を受ける側だったでしょう。

「A子はもうよしました。ありゃ駄目ですよ、気が利《き》かなくて」

「そうかね、いい人だったじゃないの。あんな人と結婚して子供を作ればいいと思ってたのに」

「エ？　子供？　子供ですか？　子供はぼくは作るつもりないなァ」

「まァそうだろうねェ、きみも楽しいさかりだろうし――」

「いやいや、そういうんじゃなくてね、ぼくが子供を作んないのは公害のせいなんです」

K君が真顔でいい出した。つまり、このまま公害が進んで行けば、人間の未来は悲惨きわまりないことになるだろう。

大気も海も汚染し尽され、かてて加えて人口爆発、世界的食糧不足、エネルギー資源の涸渇《こかつ》ということになって、われらの子孫は必ずや、自分がこの世に生を享《う》けたことを呪うに至るに違い

ない。そのような未来に向かって自分の子供を送り出すことは犯罪に近い、と、まあ、そういうふうにK君はいうのです。

実に尤《もっと》もな議論であって、実をいうなら、私も、かつて同じような思いに取り憑《つ》かれたことがあります。しかし、結果的には子供を作ってしまった。なぜ作ったかというなら、それは、女房が

「もしそうなったら一家心中すればいいじゃないの」

といったからでありまして、まあ、私の智能程度は正直のところ、やっとそんなものなんです。そんなものでありますからして、K君の議論を引っくりかえす術《すべ》を持たない。持たないのではありますが、納得したわけではない。なぜ納得せぬかと申しますと、K君が明らかに正義のお面を被っていたからだ、とでもいいましょうか。正義のお面を被った人は、正義そのものではありません。私はK君がなぜ正義のお面をつけたのかに興味を惹《ひ》かれました。

「あなたが本当に公害が心配で子供を作らないなら、私は、そりゃそれでいいと思うわけよ」

「そうでしょう」

「そう。だけど私はあんたの日頃を知ってるからサ、なんとなくそういう発想が嘘っぽい感じもするわけ」

「そうですかねえ、そんな筈はないんだけどな、だって——」

「いやいや、だってね、あんたがほんとに子供が欲しくて欲しくてしょうがなくて、しかも作るのを思いとどまるっていうなら話は別だけどね」

「いや、子供は欲しいですよ。女房は欲しくないけど子供は欲しい」

「ホラネ。やっぱりそうだ。あんたにとって子供ってのは、一人の女に自分を縛りつけるかも知れぬ、危険な存在なんだよ。だからあんたは子供を作りたがらない。つまり、今に理想の女にめぐりあうというふうにあんたは思っている。今の女はそれまでのツナギであってね、ツナギであるからして、そんな女との間に子供ができて関係が恒久化しちゃ大変だトまァ、いうのがあんたの本音なんじゃないのかな」

「ウン、そのへんは当ってないこともないけど——」

「だから、私にいわせりゃ、公害のために子供作んないなんてのは、ちゃんちゃらおかしくってだな、そりゃ、今の女といつでも別れられるための予防線にしかみえないわけ」

「いや、それはないなァ——」

「でネ、それが、対女用の云い逃れなら云い逃れで、まアそれもいいだろうと思うけど、馬鹿馬鹿しいのは、あんたが自分で自分に騙されてるってことね。つまり、あんたは、自分が子供作んないのは公害のせいだと信じてるわけでしょ。なんでそんなにまでして子供を作んないことを正当化したいのか。自分に似た子供ができるのが恐いのか、あるいは、ひょっとすると自分は子供嫌いなんじゃないかっていう不安があるのか、あるいはまた、女をツナギとしてしか扱っていないことに対する罪悪感なのか、まァそのへんのことは私にもよく判んないけど、いずれにしても公害のために子供を作んないという云い方は、あんたが自分の現状を正当化するために捏《こ》ね上げた自己弁護であることは確かなんだな」

「そうかなァ――」

「そうですよ。第一ね、あんたなんか子供ができてごらんよ。もう、真っ先に親馬鹿になるタイプなんだから」

「いや、そんなことはない、いや、それはないですよ、ぼくは――」

「いや、そうなんだって。もう、あんたの顔見てると目に見えてくるね。子供が生まれたら、もう、ベタベタになっちゃってサ、この目はおれに似てるとか、この鼻がどうとか、ママっていう言葉よりパパっていうのを先に覚えたとか、もうあほらしくて話にならんに決まってる」

「そうかなァ」

「そうだって。だから早く結婚して子供作れっていってるんじゃないの」

「そうかなァ。どうもすっかり読まれちゃった感じだけど、でも、イタミサンの云い分も、子供ができちゃった人の、現状正当化のための自己弁護といえないこともないでしょう」

「エ？　ウーム、そりゃまアそうかも知れん。いやァ、際《きわ》どいとこでやられたかな、いやァ、参った参った」

私はもう議論が面倒になったので、便宜上やられてみせたが、その実少しも参ってはおらぬのである。

心は既に私の帰宅を待っている赤ン坊の笑顔に飛んでおり、その赤ン坊たるやカアチャンという言葉より、トウチャンという言葉を先に覚えたのだ。

やがて新幹線は東京に近づいたのだろう。窓外の風景が次第に灰色に変ってきた。

練り塀

世間を旅して人人と話をしておりますと、まあ実にさまざまな話が聞ける。中にはとんでもない嘘をつく人もおりまして、いや、嘘をつこうと思ってつくのではないのでしょうが、こちらの期待に応えようとつい誇張が混ったり、また生まれつき法螺《ほら》を吹くのが好きな人もいる。

私個人にしてみれば、いろんな人と話をするのが楽しいのですから、話が本当であろうが嘘であろうが一向構わないし嘘なら嘘でそれはまた面白いと思うのですが、しかし、一旦仕事が搦《から》んでくるというと、勢い話の正確さを求める立場になりますから随分と困ることにもなってしまう。たとえば、私が以前、大分県国東《くにさき》半島で話を聞いた老人なんかは、実に典型的な取材者泣かせの人物であったな。

その時私は、この地方特有の「練《ね》り塀《べい》」というものに心惹かれて、話を聞いてまわっておったのです（練り塀というのは、よく練った赤土と石とを、交互に何段にも積んで作った、土蔵の壁であります）。

さて、私と老人との問答は、およそ次のように進行したわけです。

私　この練り塀はいつごろ作ったもんですかね？

婆さん　これはもう久しいで——（爺さんに）これはもう何年になるかな？

爺さん　三十年ぐらいじゃろ

婆さん　そげなもんであるかェ。私たちが生まれた時はもうアンタ——

爺さん　（即座に）三百年ぐらいじゃろ。これはもう、やっぱ、三百年ぐらいになっとるで。昔のじゃキに

私　（驚いて）三百年！　三百年というと、徳川家康が死んだのが三百五十年くらい前だから

——

爺さん　（ケロリと）六十年ぐらいじゃろ

私　明治時代ですね？

爺さん　明治時代じゃ

私　練り塀ということは、この土を練るわけですか？

爺さん　そうじゃ。こう、粘土を山からとって、ホッテそれを今度は石にくわせて練ったもんじゃ

私　どうやって練るんですか？

爺さん　そらもう足で練るんじゃ

私　足でこう踏んで？
爺さん　踏んで
私　ニュルニュル〳〵？
爺さん　ニュルニュル〳〵
私　水混ぜてねえ――
爺さん　そうじゃ。それが結局、粘りが出て、こう粘着力のあるようになるんじゃ。とにかく、なんじゃあ、ああいう恰好まじぃ練らんことには固まらんキ
私　これは厚みはどのくらいあるんですかね？
爺さん　これは、おそらく三尺五寸、いや、四尺はあるじゃろな
私　（驚いて）え！　そんなに厚いんですか！
爺さん　厚いんじゃ
私　四尺っていうと一メートル二十センチか。そんなにありますか――
爺さん　（ケロリと）二尺はあるじゃろな。二尺は十分ある。これはもう、千年も万年も崩《く》えんでェ
私　大したもんですねェ――
爺さん　こらもう、素人じゃ絶対できんキね
私　絶対ですか？

爺さん　そらもう全くできん。そらもう「全く」つけてもいいな

私　何がそんなに難しいんですか？

爺さん　そらもう、結局、それだけの個性を生かした人じゃなけりゃ、できんということじゃ

私　（面喰らって）個性――ですか？

爺さん　それじゃ。熟練ちゅうことじゃなァ

私　なるほど――

爺さん　あんたたちはどちらからお見えになったんかいの？

私　僕らは東京ですがね

爺さん　（大いに感動する）ハァ――ホゥ――そうかなァ――もう、こんな練り塀みたいなもんは――やっぱァ、珍しいじゃろうなァ

私　いや、ほんと大したもんです

爺さん　こらもう、どんな大地震《だい》が来たって、なんじゃ、崩《く》えんキになァ

私　そうでしょうねェ

爺さん　こういう、なんじゃ、練り塀家《や》の下におっちょってからナ、どんな水害があろうが――まァ、空襲なんかは、ソラ違うけど、風とかナ、雨とかでも、絶対にソラもう、こん中おったら無難じゃやな。何年か後には、こういうもんが東京の真中へ立つようになるでェ

私　（とまどって）はァ――

爺さん　ソラもうアンタできるんでェ
私　東京にねェ――練り塀がねェ――
爺さん　できるんじゃ。こらァもう、幕府時代のもんじゃキ
私　ええ
爺さん　豊臣時代に作ったもんじゃキなァ、何百年も経《た》っとるんじゃキ
私　フーン。しかしそれにしてもどんな人が作ったんでしょうねェ――
爺さん　これはもう何十年チこういうことしよった人じゃったんじゃがな
婆さん　（急に口を出す）もう八十四五になろか？
爺さん　八十？　もう百なんぼになるわな
私　その人がですか？
爺さん　そうじゃ。この前もうのうなって亡《な》いんじゃ、その人は。死んだキ
私　じゃア、もうこんな練り塀はできないわけですねェ――
爺さん　ほらもうできん
私　じゃア、大事にしなくちゃ
爺さん　それじゃ！　こらァもう国宝になるんじゃけェ、大事にしとこと思うとるんじゃ

最後には、遂に練り塀は国宝になってしまった。

実にかくの如く、人人から真実の話を聞き出すのは難かしいのでありますが、しかし、われわれは、時として、ほんのひょんなはずみで、驚くべき証言にぶつかって欣喜雀躍《きんきじゃくやく》するようなことも、これまたないわけではないのであります。

以前私が、金閣寺の炎上について記録映画を作っていた時、撮影の合い間に、とある中学校の運動場に腰をおろして一服していたのですな。

一人の先生が寄ってこられまして、ここで何をしているのかという。こうこうこういうことだという話になったのですね。すると、その先生が

「金閣が燃えるとこやったら、うちにも一人見たいう教師がおりまっせ」

というのです。渡りに舟とばかり、早速その目撃者の方に話をしていただいて撮影したのですが、なるほど、やはり実際の体験談だけに、その話は妙に生まなましいリアリティーがあった。

次にそれを示しましょう。

問　金閣寺が焼けた時は、おいくつでいらっしゃいましたか？

答　エー、確か十八歳やった——と思います、ハァ

問　で、燃えたっていうのを聞いて、すぐにおいでになったんですか？

答　ええ、うちの家がアノ電車道で、もうポッと出たらすぐ金閣寺が見えるわけですねン。で、アノ、夜はもう森に囲まれて全然見えませんけど、一旦あのように大きな火事になると、ともか

く真暗なとこに大きなアノ火柱いうんですか、あれがソノ、二十メートルほどブォーッと上がって、で、その火ィにソノ金《きん》がめくれていくネ――アノ、アレが、金がめくれてピラー、ピラーとソノ金がソノ火柱にネ、ソノ燃えて、同時に上がっていく姿ちゅうのは、もう、ともかく今から考えたら、もう豪快ちゅうか、もう素晴らしかったです。ああいうの、もう僕、思い出に――思い出ちゅうんですかネ、残ってます

問　そうでしょうねェ

答　ほんでまァ、それから、アノー、まだ燃えてる時にですけどネ、すぐアノ金閣寺へ入ったんです。ほしたら、ちょうど金閣寺の裏のへん――ちょうど池の裏のへん行った時に――なんか一人の坊さんが、足もとをもうズクズクにして、ほいでまァ、ボソォッと――もう、夢遊病者みたいに蒼ざめてネ、ほいでまァ、立っとるわけです。で――オイ、オマエドナイシタンヤ、ゆうて聞いたらネ、ほしたらアノ、なにも答えずに、ただボーッとしとって、ほいで、あとから何だかんだというのを新聞で見て、まァ、それが逮捕されたト――いうのを聞いて、ああ、あれが放火の犯人であったなァト、いうようにネ、まァ、振り返ってみたらそういうふうに、まァ感じるわけです

この生まなましい証言を映画のクライマックスにして、確かあれはもう、ほとんどフィルムの編集を終ろうとする段階であったと思うな、証言者の同僚という男から電話がかかってきたのは。

電話の向うで男の京都弁がいう。

「アノ、こないだ取材しはった件ですけどネ、あの話した人はネ、なんちゅうかソノ、虚言癖ちゅうんですか、そういうのがある人やよってにネ、あのフィルムは、ソノ、使わんといてもらいたいんですねン」

ポセイドン・アドヴェンチュア

「君はポセイドン・アドヴェンチュアって映画見た？」

「いや、まだ見てない。面白いの？」

「ンー、面白いっていうより、むしろ無気味ね。映画そのものは、格別どうってもんじゃないんだけどさ、ああいう映画が当るってこと自体が、なんだか薄気味悪い感じじゃない？」

「いや、見てないからよく判んないけどあれは船が沈む話でしょ？」

「ウン、ポセイドン号って客船が津波で顚覆《てんぷく》するわけよ。ちょうどニュー・イヤーズ・イヴの出来事でね、乗客はダイニング・ルームに集って乾盃《かんぱい》したりダンスしたりしてるわけだ。その時突然船が引っくり返る」

「ホウ」

「上を下への大騒ぎって言葉があるが、ほんとに上下が逆になってしまうのね。だからそれ以後はセットは全部天地が逆になるわけで、これはちょっと面白い」

「なるほど」

「で、騒ぎが一段落して一同救援を待つ態勢になるんだが、乗客中の少数の人間は事態を絶望的と見て脱出しようとするわけよ。なにせ船は今や腹を出して浮いてるんだからね、本体は逆さになって海中に吊り下がってるわけで、まあ防水扉があるから当面水は入ってこないが、いつ扉が破れるかは誰にも判らない、これは危険だというので、その少数グループは船底へ向かって逃げ出すわけだ」

「船底へ？」

「だって、天地が逆になってるから船底が一番上なんだよ」

「なるほど――」

「彼等がダイニング・ルームを脱出した時、果たして爆発が起って凄まじい浸水が始まるわけだ」

「躊躇《ため》《ら》ったやつはみんなアウツね」

「そういうこと。そのグループだけが生き残って、刻刻とせり上がってくる水に追われながら、船底に向かって上へ上へとよじ登ってゆく――」

「ハハァ――」

「結果はハッピー・エンドなんだが、俺の気になるのはこの映画に盛り込まれている哲学ね、つまり、正しい見通しと、力と勇気を持ったものだけが生き残ることを許されるという、そういうモラルをこの映画は打ち出してるわけだけど、そういうモラルが出てきたということは、つまり、そういうモラルが必要になってきたからじゃないか、アメリカは既にそういうモラルを必要とし始めてるんじゃないか――」

「ハハァ――つまり裏返せば、見通しがなく、力も勇気もない奴は死んでもしょうがないということね」

「そう」

「そういえば大豆の輸出規制というのがあったっけね」

「それそれ。大豆と小麦とトウモロコシがストップしてごらんよ。日本なんかたちまち干上っちまうよ。半数は餓死という事態だよ」

「だけどやらんでしょ、アメリカは」

「そりゃ輸出するだけの余力のあるうちはやらんでしょ。だけど一旦アメリカが凶作にでも襲われてごらん。自分の国の食べ物を犠牲にして誰が他の国の面倒見るもんかね」

「ウン――」

「そもそもアメリカは日本なんかへ食糧輸出したくないんだよ。だって日本には資源がありゃしないもの。日本へ食糧を輸出するってのはどういうことか、日本の工業化を援《たす》け、安い日本製品の上陸を許し、結果として自分の国の経済が圧迫されるということでしょう、こんな馬鹿な話はありゃしないんだよ。そんなことなら、食糧をアフリカやソヴィエトに廻して見返りに資源貰う方がいいに決ってるんだよ」

「と、いうことは、アメリカが日本を切り捨てる可能性があるわけ？」

「当然よ」

「日本の政府はどうしようっての？」

「日本の政府は、アメリカが古いお得意の日本を見捨てるわけないってのよ。こないだの大豆の輸出規制の時だってそういう見解だった。仮りに規制されても既に契約済みのものが大分あるから大丈夫だなんていってた。ところがアメリカは契約済みのものに関しても半分しか認めぬ、といって来たろ？　その時日本の農林大臣がなんといったと思う」

「――」

「あまりのことにショックを受けたっちゅうのよ。どう？　俺はほんと驚いちゃったね。なんでショックを受けるのよ。当然のことであります、打つべき手はちゃんと打ってありますっていうのが政治じゃないのかね、あまりのことにショックを受けたのはこっちの方だよ」

「ほんとにねえ。全くのところ日本はどうなってくのかねえ――」

「食糧危機と公害で遠からず滅亡ってことでしょ」

「対策はないの？」

「あっても間に合わないわけよ。今すぐ終戦直後くらいの生活に戻ってさ、公害企業はもちろんすぐ操業停止してさ、政治経済のすべてを、生きのびるということだけに絞ってさ、なおかつ人口をできるだけ増やさないってなことにすればなんとかなるだろうけど、そんなことがどうやってできるのよ?」

「そうさねえ、今んとこ、別に何不自由ないわけだもんなあ、外行きゃレストランはやってるし、車は走ってるし、店には品物一杯あるしなあ――」

「最後の繁栄よ」

「なんか政治的な解決ってのは――」

「政治には期待できないって。だって政治家ってのは常に次の選挙のこと考えなきゃなんないじゃないの。みんな失業しろ、みんな貧乏しろ、みんな百姓やれって、そんなこと云ってごらん、絶対落選確実だろ、自分の不人気になるようなこと、政治家は絶対やりっこないし、第一連中に危機意識がない証拠には、みんな政権とりたがるじゃないの。政権とってどうするつもりかね、これからの世の中は悪くなる一方よ。誰が政権につこうが先へ行けば行くほど悪くなるわけじゃないの。国民に呪われるために政権をとるようなもんでしょ。それを、我が党になれば輝かしい未来があるみたいな云い方する。なんにも判っちゃいないのよ」

「フーム――絶望かね、やっぱり」

「絶望――だろうね」

「情報時代だからねえ、食糧危機なんてことになったらパニックが来るのは早いだろうねえ、アッという間に物が買い占められて――今日まで物があったのに、明日になったらもう何も売ってないってなことかねえ――」

「そう。百姓は売り惜しむしさ」

「また百姓に頭下げる世の中か――」

「みんな疎開してさ」

「百姓に気兼ねしてねえ、アノ、お風呂お借りしていいでしょうか――ゆんべ来たらよがっだに――ナンテ――」

「ああ、いやだいやだ」

「そうなったら、僕らみたいな東京の無産者階級ってのが先ず憐れなことになっちゃうね」

「それと、帰るとこのない人ね。それと野菜なんか作ろうにも土地のない人ね」

「ハハァ、そこで、なんとか生きのびれる奴らのためにポセイドン式のモラルが頭を擡《もた》げるわけか」

「そういうこと」

「そりゃそうだろうなあ、たまたま生きのびられる環境にある奴は、死んで行く奴を見殺しにすることに対する正当化が必要になってくるわけだし――」

「死んで行く方は行く方で、これまたなんかの指針を必要とするだろうし――」

「そうねえ、ボートに乗ってて行く先は滝壺みたいなもんだよ。落ちることが決定的なら落ち方に凝《こ》るより仕方がない」

「背面宙返りかなんかで――」

「そうそう、派手に死のうってのも出てくるだろうし、落ちるより先に自殺しようってのも出てくるだろうし、やけになって舟を叩き毀《こわ》す奴も出てくるだろう、最後まで奇蹟が起るのを待つっていうのも出てくるね」

「出てくるだろうね」

「フーム——しかし——でも、本当にもう逃れられないのかしらねえ、なんか解決というのが——」

「ホラホラ、君こそ奇蹟を待ち望む手合じゃないか」

「ハッハッハ」

「しかしひどいことになったもんだ」

「ほんとに今すぐ終戦直後に戻して助かれるもんなら、僕は一向構わんのだけどねえ——日本人全部が百姓になって、全員で雨を待ったり霜を心配したり、というのも悪くないよ」

「ダメダメ。もう遅いんだったら」

「ダメかねえ——じゃあもう、いっそ、そういう事態が早く来た方がいいよ」

「いっそサバサバして?」

「そう」

「まあねえ——いっそ一と思いにって気にならなくもないが——しかし、ちょっと待ってくれ、せめて俺が罐詰めを買い込んでからにしてくれ、って気もあるんだなあ、俺もいよいよポセイドンに毒されてきたかな——」

グッド・ラック

「いやあ、暑いですな」

「暑い、暑い、全く閉口だ」

「あんまり暑いもんだから、今ここまで歩いてくる途中でね、ホラ、そこんとこに公園があるでしょ——」

「あるある」

「公園のとこに酒屋があるでしょ」

「あるある」

「あの酒屋で冷いビールを一本買いましてね、で、公園の木陰でベンチに腰を下ろしてだ、暑気払いに一杯——」

「やってきちゃったの？　そりゃあいい気分だったろう」

「と、思うでしょ。ところがあんまりいい気分じゃなかった」

「ホウ——」

「公園でね、あたしゃ奇怪なものを目撃しちゃったんだ」

「？」

「あのね、子供が三人ばかしでね、砂場にションベンしてやがるんだ」

「わざと？」

「そりゃわざとでしょうよ、いくら子供ったって砂場と便所の区別くらいはつきまさあね」

「フーン、で、どうしたの？」

「あっしゃ、コラッ！　て、でかい声で怒鳴りつけてやりましたがね、小便のことだもん、急には止まりゃしないやね、全部し終ってから逃げてきましたがね、ああいうとこへはお宅の坊や連れてかないほうがいいいんじゃねえかな——」

「フーン、で、その子たち親はいなかったの？」

「そこなんですよ。いや、だからそこが奇怪だっていいたかったんだ。親もいりゃ、近所の奥さん連中だってウヨウヨいるんだよ、そのへんに——」

「それがなんにもいわない？」

「いわねんだな」

「フーン」

「どういうのかねえ——あれがイギリスやドイツだったら大変ですぜ。子供が叱られるのはもちろんのこと、まず親がみんなの吊し上げ食っちゃうね」

「で、あんたは親にネジこんだの？」

「いや――」

「どうして？」

「だって、そうなりゃ喧嘩になっちまうでしょ。別に喧嘩するほどのことでもねえしさ、そんなことで事を荒立てるってのも大人気ないし、第一あたしゃ通りがかりだもん、そんな他処《よそ》の公園の面倒まで見てたんじゃこっちがたまんない」

「ハハァ――」

「なんです？　いやだね、ニヤニヤしちゃって」

「だってさ、喧嘩するほどのことでもないとか、事を荒立てるのが大人気ない、とかいうのは結局摩擦を避けたいということだろ？　喧嘩するほどのこともないっていうのは、正義は当然こちら側にある、本来はその正義にのっとって自己を主張すべきケースだが、今、それによって惹き起される人間関係の摩擦を考えれば得るところがまことに少い。この際善悪には目をつむってスムースな人間関係を優先させよう、しかし完全に優先させちゃっちゃあ自分の立場というものがなくなる。そこで、いやあ喧嘩するほどのこともないんでね、と公言して体面を保つという寸法だ」

「ヒャァ――まあ、人の言葉尻を捕えて随分大袈裟《おおげさ》に引き伸ばすもんだよ」

「事を荒立てるのが大人気ない、というのも同じでね、自分さえ目をつむりゃ、対人関係すべて丸く収まるのに、なんでそんなとこへ善悪だのという原則を持ち出すのか。大人気のある人とは、周囲の調和を乱さぬことをすべてに優先させる人のことだろう。善だの悪だのという判断は個人的なものに過ぎぬ。いわば我儘《わがまま》ではないか。よし、ここは一丁、調和のために我儘を引っこめて大人であろう、そういうことをあんたの言葉は物語ってるわけよ」

「へえ——いや驚いたね、こりゃ」

「つまり、あんたは根っから集団の人なんだな。集団の調和ということがすべての価値判断に優先する」

「だって、あたしゃ怒鳴りましたぜ、コラァッ！　てね」

「だから、それは角が立たぬ範囲なんだな。あくまでも、あんたと子供との関係にとどまってるし、子供はまだ正式に集団の成員として認められていない」

「こりゃ、やっぱり親にネジこむべきだったかな」

「そりゃネジこむべきだったろうが、たとえネジこんでも、なによ、これくらいのことでいちいち、と逆ネジを食わされるか、すみません、なにぶん子供のことなので、っていうんで済んじゃうかどっちかだろうね。子供のことですから、すべての責任は親である私にあります、なんてことになりっこない」

「フーン」

「いずれにしても、あんたが調和を乱す異質な人間としてみんなに嫌われるのは決定的だね」

「そういうもんですかねえ」

「そういうもんらしいよ。要するにムラビトなんだな、日本人ってのは」

「ムラビトねえ——」

「そう。これは荒木博之っていう先生の説なんだが——あんた、高校野球好きでしょ？」

「ああ、大好きだね、テレビが始まるともう齧りついて応援するもんね」

「応援する時はガンバレっていうんじゃない？」

「そりゃそうですよ、他になんてって応援するんです」

「そこなんだよなあ、荒木先生がいうのは。われわれがスポーツ選手を応援する言葉は必ずガンバレであって、それ以外の言葉は絶対使わないってんだな」

「スポーツだけじゃないですよ。この前ミス・ワールドだかなんだかの日本代表が決勝戦で外国行く時も、インタビューでガンバッテキマスって云ってましたぜ。ガンバルったってどうガンバルのか、顔でもイキませるのかと思ってあたしゃおかしかったんだが——」

「ネ？　ところがガンバルって言葉は外国にはない。強《し》いていうならドゥ・ユア・ベストとでもいうことになろうが、そんなこと、まあ、いわないね」

「普通グッド・ラックでしょうな」

「そう、グッド・ラックなのよね。ところが日本じゃガンバレ一点張りだ。これはなぜか？」

「なぜなんです？」

「ここから荒木先生の天才的分析が始まるわけなんだが、要するに、日本人は集団的人間であるト。集団の中の一人のムラビトとして自我を殺しに殺してムラの掟に従っているト。そういう他律的な性格を持っておるのだト、ネ？　ところがこの、貧しく押しひしがれた、集団の中の個がだね、突如集団から切り離されてだな、たとえばオリンピックのマラソンならマラソンに出るということになる。当然、一個の独立した、自律的な個として行動することを要求されるわけだ」

「ハハァ――」

「しかし、彼自身の自我というものは、常日頃集団の中で殺され続けて、今や全く小さく惨めに萎《しぼ》んじゃってるというわけだな。この萎んじゃった小さな自我を本来自我がそうあるべき大きさにまで膨《ふくら》ませる作業がガンバルということなんじゃあるまいかト、そう荒木先生は説かれるわけよ」

「なるほど――」

「かくして日本選手はだな、ガンバレという、集団の声援を一身に受けて、小さく萎んだ自我を、風船のように、精一杯膨ませてスタートし、あとはガンバってガンバってガンバリ抜く。それが日本選手特有の悲愴感であり、ムラビトたちもその姿を見て、ああ、あいつはガンバっとるわいというので目頭を熱くするという寸法だ」

「ンなある――そういえば、外人ってのは割に涼しい顔してやってまさあね、ビュフォード、シピン、ペピトーン──」

「高見山──だれもガンバってない」

「そうそう、すごい努力はしてても、ガンバってはいないね」

「だけど貴ノ花はガンバってる」

「高校野球もガンバってる」

「バレーボール、水泳、マラソン、スキーのジャンプ、みんなガンバってる」

「俳優は熱演する──」

「おォ、いやだいやだ──私は昔外国映画に出て一つびっくりしたことがある。たとえば私なら私がね、その映画で初めて仕事するって時はね、みんながやってきて激励してくれるんだな」

「ホウ──」

「ピーター・オトゥール、ジェイムズ・メイスン、クルト・ユルゲンス──そういう連中がみんなやってきちゃ握手をしてくれてね、グッド・ラック！　というわけよ。グッド・ラックね。みんなプロの役者だ。素質があって当然。その素質に磨きをかけるため、あらゆる努力をしてて当然。人事を尽して天命を待つ。人間の努力に対して天がいかなる評価を下すかは人知の預《あず》り知るところではない、われらにできることは、おのが能力を最大限に出し尽すことだけだ、それがプロというもんだ、あなたがプロである以上、あとはラックだ、というわけだな。それがグッド・ラックだ。彼等は私を一人前の人間として扱ってくれたことになる」

「そういうことだねえ」
「結果として――」
「ウム、どうしました」
「彼等の声援に応えるため、私は自分の小さく萎んだ自我を精一杯膨ませてガンバってしまった」

男の部屋

男の部屋というものは、大きく分けて二つの種類がある、と私は思いますね。つまり「片づいている部屋」と「散らかっている部屋」の二つです。

別のいい方をするなら、男には二種類ある、といってもいいわけで、つまり「部屋が片づいてないと気がすまない男」と「部屋が散らかってなきゃいやだという男」と、こういうことになる。

じゃ、一体なぜこういう二種類の男が存在するのか？　心理学者によれば、これはすべて幼時における排泄《はいせつ》訓練――つまりウンチやオシッコのシツケということですが――の結果による、というのですね。

たとえば相場均さんの『異常の心理学』（講談社刊、現代新書）によりますと

「肛門及び尿道括約筋《かつやくきん》の仕事というのは『持っていること』と『放すこと』の調整に他ならない。これを（つまりウンチやオシッコを）社会の制約に従い、自分の意志通り楽楽と行えるようにすることが、二、三歳の時期における重大な目標の一つである」

こういうことなんですなあ。

つまり大ざっぱにいって、母親のシツケの力が強すぎると、ウンチやオシッコをもらさない――つまり「持っていること」が勝ってしまうし、シツケの力が弱いと、逆に、もらしても平気という「放すこと」の勝った性格が出来上ってしまうわけで――まあ、どっちにしても、片やフンヅマリ、片やタレナガシというわけで、あんまり香ンばしくないんだなァ。

ついでにもう少し突っ込んで説明するなら、フンヅ（きたないからマリは省略）の方はフロイトのいう「肛門的性格」をそのままあらわし、成人してから、物やお金、あるいは自分の意見なんぞに固執する頑迷固陋《がんめいころう》、偏屈の人格が形成されるんだそうだし、タレナ（きたないからガシは省略）の場合は、今度はわがままで周囲に迷惑をかけ、いつもだれかに尻ぬぐいをしてもらって平気、という人物になりやすいという。

そうして――サテ、ここからが

肝腎《かんじん》のところですが、フンヅの部屋というのが一般に、極端に整頓されており、タレナの部屋は逆に散らかり放題なんだそうで、ま、いずれにしても、ウンチやオシッコの訓練の失敗を表現してることに変りはない、ということなのネ。

どう？　考えてしまうじゃないの。あなたの恋人はフンヅか、タレナか？　まあ、どっちにしてもあんまり冴えないけどサ――エ？――ボク？――ア、うちの場合は結婚してますからね、男の部屋ってのはないの。全部夫婦の部屋なの。

マイクル

イギリスからマイクル・チャウが遊びに来た。ロンドンではちょっとした名士である。

もし諸君が近近ロンドンを訪ねられるなら是非、ナイツブリッジ一五一番地の「ミスター・チャウ」という中国料理屋を試みられるがよい。諸君は、周囲の席に、あるいはスノードン伯を、あるいはアン王女を、あるいはロスチャイルド家の誰それを、あるいはサー・ローレンス・オリヴィエを、あるいはピーター・セラーズを発見されるだろう。当代、ロンドン一のシィクな料理屋が「ミスター・チャウ」なのだ。

成功の原因はいくらもあろうが、なんといっても一番大きいのは、私は、イタリー人のウェイターを使ったことにあると思う。世界のどこを旅行してもイタリー料理屋と中国料理屋のない大都会はない。イタリー人も中国人も、未知なる土地ではまずレストランを開き、それを足がかりに発展する。イタリー人はその愛嬌とサーヴィスを売り物に、中国人はその味の好《よ》さと安直さを売り物に。

この二つを、おそらく世界で初めて結びつけたのがマイクル・チャウなのだ。これが当らぬわけがない。今やマイクルはロンドンに三軒のレストランを持ち、ロールスを乗り廻し、宏壮な邸宅を構え、ヴォーグのモデルと結婚して我が世の春を謳歌している。

マイクルによれば、日本人がロンドンで成功するのはわけないという。焼き鳥屋！　これが決め手であるという。第一に、イギリス人を焼き鳥屋に連れてゆくと必ず熱狂的な反応を示す。第二に、焼き鳥屋の材料に限って他の日本料理と違い、ロンドンのほうが東京より、好い材料を安く手に入れることができる、というのである。一理あるではないか。

　誰かロンドンにおける日本のマイクルたらんとする勇者はおらぬか！

塩

　辻留さんの話。

　あんさんとこは、お塩はどのようなものを使《つこ》たはるの？——食卓塩？——そらあかん、そらあかんで。お塩は矢張り荒塩というか、並の塩やな、あれやないとあきまへんで。

　並塩というものは、あれは九十六パーセントの塩化ナトリウムや。これで、食卓塩というものは九十九パーセントの塩化ナトリウムや。こらもう薬品でしょ？　味かて辛いだけや。そらもう槍の先みたいにプーンと鋭いだけやがな。オーイ、ちょっと塩持ってきてみい。——ホラ、これが荒塩や。これちょっと舐めてみなさい。あんまり辛くないでっしゃろ。模糊《もこ》としてるでしょ、なにか靄《もや》がかかったような感じで、奥行きがあって、ヴォリュームがあるような。これが味やにや。

　九十六と九の間の三というものが問題なんやろなあ。そこに、こう、なんや解らんけど、難かしい、色色な成分があるにやがな。そやさかい味かて旨いでっしゃろな。それをあんた九十九パーセントちゅうもん作って、その上にでっせ、あの小さな一粒一粒に全部皮膜をかけたあんやさかいなあ。

　こうやってやね、二つのコップに水を入れてやねえ、片っぽに食卓塩入れて、もう一方に荒塩入れて、ええか、ちょっと見とってみなはれ、ホラ、荒塩のほうは透明になりよるけど、ホレ、食卓塩のほうはいつまでも、薄う白う濁ったままでっしゃろ。溶けへんのや皮膜がいやはるさかい。魚に塩をパアッと振ろちゅうたかて振れまへんで、細かすぎて。指の間からサアッと落ちはるがな。

　しかも、この不味《まず》い食卓塩がやね、旨い荒塩の四十倍からの値段すんにやさかいなあ。オモロないなア、ほんまにオモロない。

ハモニカ

高校一年の時にサ、なんとかいう、アメリカの山登りの映画みてサ、その主人公が矢鱈《やたら》といいわけなんだよ。ネ？　こう、淋しげにサ、人に背中向けてハモニカなんか吹くわけなんだけどサ、俺、ほんとにそいつに憧れちゃってサ、ちゃんとハモニカまで買い込んで練習したもんねえ、オー・スザンナなんかねえ。

ドレミッソ、ソーラソッミ

ドーレミッミ、レ、ド、レ

かなんかでサ、俺、あの曲だけはサ、どういうものかドレミファで憶えているわけよ。で、ハモニカってのはサ、ドレミファ判ればすぐ吹けるでしょう、ネ？　だから吹いたんだなァ、オー・スザンナをねえ……

で——ア、それから高校三年の時にね、俺、失恋しちゃってサ、で、その失恋したのが、あれは夜の九時半頃だったかなァ。もう悲しくてねえ、ああ、これは胸が裂けるようだと思いながら夜の町を歩いたわけよ、もうこうなったら一と晩中歩きまわってやろうと思ってね。

だけど、どうも若いから他愛ないんだよ、二時間くらい歩いたら飽きちゃってサ、そのうちこう、通りがかりの玉突き屋へね、入っちゃったわけよ、スルスルッとね。で、

「お宅持ち点は？」

「ええと、いつも二本だけど……」

なんてんでね、で、そのうち

「あのォ、ラーメンとってもらえるかしら」

かなんかでサ、もう全然いつもの調子なのヨ。

で——ア、そうだ、その店にね、どういうものかハモニカが転がってたんでね、で、そっと吹いてみたわけだ、オー・スザンナをね。

こりゃァ、ちょっと感動的だったよね。玉の音がカーン・カーンっていうでしょ、そこへハモニカの音が重なってサ。片や失恋の胸の痛みネ、片やハモニカと玉突きの、いわばテクノロジーの快楽ネ、いやァ心が千千《ちぢ》に乱れたなァ……

寝室

コシノ・ジュンコさんがベッドに持ち込む品品は次の通りであるという。（こういう癖がついたのは離婚してからだそうです）

電話・紅茶（ティー＝ポットとカップ）・時計・煙草（ハイライト）・灰皿・ライター・鉛筆・消しゴム・水差し・目玉焼き・砂糖・塩・胡椒・ケーキ・テレビ・ノート・原稿用紙・レコード＝ジャケット・爪切り・ポートレート（アンティク＝マーケットで売ってたやつ）・人形・マンガ（たとえば『はじめ人間ゴン』）・本（たとえば『あの日暑くなければ』）・スケジュール表

これだけの物を持ち込んでしまうと、何か忘れ物があってももうベッドを出る気はなく、この上はただただ小間使いが欲しいとか……

私がベッドへ持ち込む品品

（例、昨夜）

原稿用紙・4B鉛筆・ペリカン消しゴム・明解国語辞典・新潮国語辞典・用字便覧・電気鉛筆削り・サントリー＝オールド・氷・ミネラル＝ウォーター（フジ）・タンブラー・オールド＝ファッションド＝グラス・おつまみ（竹輪、茹で玉子、里芋の煮ころがしの残り物）・書物（『古墳の話』『まぼろしの邪馬台国』『倩笑至味』）

大体以上のようなものだが、以前には煙草を吸っていたから、この上にロスマンズ二た箱・時計印マッチ・錫《すず》の灰皿（落しても割れない）が加わっていた。これだけの物を持ち込むと、私は安心のあまり、あっという間に寝てしまうことが珍しくないのである。

私の場合こういう癖は結婚してからついた。

猫

八切止夫さんの『姓の法則』という本によれば苗字がイ列の人間

は、尤《もっと》もらしいことを尤もらしく言え、それを尤もらしく自分で思い込めるという特徴を持っているらしい。まことにそうかも知れぬと思う。

私なんぞもイ列の端《はし》くれとして、日夜、自分の意見めいたものを喋り散らしているが、そういわれれば、確かにあれは自分の信念を述べているのでもなんでもない、尤もらしいことを尤もらしく書き綴って、なおかつ自分を尤もらしく納得している、それだけのことであるようだ。

つまり、私のやっていることは一種の「雑文家ゴッコ」に過ぎぬわけで、八切さんの御本を読んで、その辺の自分に私は深く照明を当てることができたから、今回は、真に己《おのれ》の信ずるところを述べようと思う。

さて、私が固く信じ込んでいることの一つに、「現代猫の基礎条件」というものがあって、それは次の如くである。

一、入浴をする（猫と一緒に風呂へ入《はい》れたら、というのは猫好きの夢であるが、決して不可能なことではない。幼時から馴らせば、猫はむしろ風呂好きであると西丸震哉さんが書いておられる）

一、旅行に連れて行ける

一、口笛を吹けば来る（従来の舌を鳴らす方式では、遠方にいる猫を呼ぶ時、口の中に唾をたくさん溜めなくてはならず煩《わずら》わしい）

一、犬と仲良く遊ぶ

以上が私にとっての理想の現代猫であるが、ああ！　こんな猫がいたならどんなにか楽しいことだろう！　尤もらしいことを尤もらしく述べているのではない。こんな猫がいたら！　それを考えるだけで、私は感動の吐息が洩れるのを覚える。

（ちょっと待って下さいよ、ここまで書いてしまってフト気がついた。尤もらしいことを尤もらしく喋るというのはウ列だったかも知れぬが――ウーム、まあいいことにしよう）

ロケイション

映画のロケイションというものは恥ずかしい。何が恥ずかしいかというと、色色恥ずかしいのだが、たとえば友人のカメラマンは、フィルムを詰めかえる時が一等恥ずかしいといっていた。

カメラからマガジンを外して、中のフィルムを新しいのに詰めかえる。これをフィルム・チェンジという。（本当はフィルム・チェンジなどという英語はない。フィルム・リロゥディングといわねばならぬのだが、今はさておこう）フィルム・チェンジは明るい場所では行えぬ。そこでフィルムを感光させぬために、黒い布で作った袋が用いられる。これをチェンジ・バッグという。（ただし正確にバッグという人は稀れである。普通はみんなチェンジ・バックと呼んでいる。チェンジ・バック！奇妙な言葉だ。たとえば狸が人間に化ける。この、人間に化けた狸が再びもとの狸に戻る時、チェンジ・バック・トゥー・タヌキという工合に用いてこそ正しいのではないのか？）

友人のカメラマンにとっては、このチェンジ・バックが恥ずかしいのであった。チェンジ・バックのチャックを開けて、撮影済みのマガジンと、新しいフィルムの鑵を入れてチャックを閉じる。次いで、チェンジ・バックから突き出した二本の袖の、ゴムのはいった袖口のほうから、逆に腕を通して中のフィルムを入れかえる……

カメラにフィルムが無いから、撮影は完全にストップして、見物人の視線は当然チェンジ・バックを操作するカメラマン一人の上に集中する。操作などといえば聞えもよいが、端目《はため》には、ナニ、大の大人が道端に蹲踞《しゃが》みこんで、二本の袖のついた黒い袋に腕を突っ込んでじっとしているだけの話だ。手探りの作業であるから、目は自《おの》ずと宙を彷徨《さまよ》う。その目が見物人の目と合う。一体人は自分を見て何と思っているのだろう！　嗚呼！　なろうことなら、この黒い袋から、金魚鉢でも万国旗でもよい、支那の手品師のように陽気な身振りで取り出して見せることはできぬものか！

読書

私は――われわれの世代は誰でもそうだろうが――活字中毒である。なにしろ一刻も活字なしでは生活することができぬ。旅行に出る時など、結果的には二冊もあれば十分なところを、六冊も七冊も鞄に詰めねば不安でならない。風呂へはいる時ですら二冊ぐらい持ってはいらねば心配である——え？　風呂？　ええ、風呂でだって本を読みます。風呂の中だろうが、食事中だろうが、床屋で髪を刈られながらだろうが、町を歩きながらだろうが、ともかく常になんかかんか本を読んでいる。

　そういえば、昔は町を歩いてる学生というのはたいがい歩きながら本を読んでいたものだが——みんな二宮金次郎だったものだが、この頃あんまり見かけませんね、本を読みながら町を歩いてる人間っていうのは。もっとも、今の交通事情じゃ、そんなことやりたくてもできないだろうがネ……

　私なんかは高校が田舎だったからね、田圃《たんぼ》の中を自転車で走りながら本を読んだものです。友達の家なんか遊びに行く時ネ、田舎のことだから、まあ、遠いところに住んでるやつがいるんだ、自転車で三十分も一時間もかかるようなとこにネ。そんな時には自転車を漕ぎながら本を読む。退屈だしねえ、どうせ野中の一本道だし、車が通るわけじゃなし……

　まアそんなわけでね、片時も活字なしでいられない。だから、トイレなんかはいって本もなんにもなかったら大変だ、必死になってなんか読むものないか探すヨ。ポケットにはいっている人の名刺でもなんでもいい、薬の効能書なんかあったら大喜びだ、トイレットペーパーのスペアの包み紙があるでしょ？　あそこに書いてある文句なんかでも貪《むさぼ》り読んじゃうものネ、「グーンと使いでがある七十二メートル巻き」とかね、「柔らかな膚《はだ》ざわり」なんて書いて、英語で「シルキー・タッチ」なんて書いてあるのもネ、読む。いよいよなんにもない時にはお札《さつ》を読むヨ、裏も表もね、あれは面白くない。

　まア、そんなわけで、どうしようもないねえ、一生こうなんだろうが——ところで、あなた、今、これをどこで読んでる？　え？　トイレ？　あなたも随分毒されてるなア……

無人島

「もし船が難破してサ、無人島で暮すとしたらサ相手は男がいいかね、女がいいかね？」

「そうねえ、将来助かろうというんだったら男だろうし、絶対助かんないなら女かなア……」

「俺は男がいいなア、だってサ、無人島脱出しようとしたらサ、舟作んなきゃならんでしょう、そういう時にサ、やっぱり男同士ならサ、筏《いかだ》がいいとかサ、いや、丸木舟を二つ繋《つな》いで双胴船でいこうよとかサ、丸木舟の中を刳《く》り抜くんだって、石で削ろうとか、火で焙《あぶ》って刳り抜こうとか色色あってサ、楽しいじゃないの、頼りにもなるし」

「だけどネ、僕学生時代に瀬戸内海の無人島で男ばっかりで合宿したことあったけど、ありゃひどい喧嘩になっちゃいますよ、ほんとにくだらない理由でネ、薪を一本余計にくべたとかくべなかったとかみたいなネ……」

「でもネ、こういう状態に追い込まれてネ、どういう人間が一番強いかっていうとネ、やっぱり体力よりも精神力が問題になるでしょう、精神力っていうか、精神的な支えネ、これがある人が一番強い。という意味でネ、僕は女のほうがいいと思う。つまり精神的な支えになるでしょう、俺が守ってやらなくちゃ、とかサ」

「だけど一人の女と朝から晩まで二人っきりでいるんだぜ、そんなの絶対耐えられないと思うけどなア、俺はやっぱり男だな、それもちょっと冷たすぎるくらいの男ネ、初めっからベタベタ仲良くしちゃうと気が合わなくなった時大変だから」

「いやあ、やっぱり女だな、だってサ、もし食べるものもなんにもない場合サ、食うか食われるかみたいなことになるかも知れないもんネ、そんな時相手が男だったらヤバイじゃないの、いつ食われるかも知れんし」

「女はどう言うかネ、こういう場合」

「女は勿論男と行きたがるヨ、女と女が無人島なんてあなた……」

「ウー、そりゃ考えるだけでも凄《すさま》じいや」

酒

以下に掲《かか》げるのは、酒の飲み方において邪道に属するものばかりである。邪道にして美味！　そういう飲み方の一端を今週は紹介しよう。

【スコッチ・アンド・ミルク】ウイスキーを牛乳で割ったる飲み物。ややホロ苦く、やや渋く、一種、木の実のような味とでもいおうか。お釈迦さまが、苦行の後、初めてお飲みになった飲み物がこれである、といって薦めたら、パーティーの客が全員騙されたことがある。牛乳の獣《けもの》臭さも、ウイスキーの、喉に噎《む》せるような揮発性も、完全にどこかへ飛んでしまって、実に五臓六腑を労《いた》わるような、柔らかく優しい飲み心地である。

【ヴェトナム】　トマト・ジュースをビールで割ったものである。トマト・ジュースはごく少量でよい。トマト・ジュースともビールとも関係の無い、爽やかな、第三の味がする。なおビールと味の素は相性が悪いから、トマト・ジュースは外国の製品を用うるがよかろう。

【アイリッシュ・コーヒー】　正確にはアイリッシュ・ウイスキーを用うるが、自分でやる場合には、なに、どんなウイスキーだって構やしない。要するに、コーヒーに砂糖を入れ、ウイスキーをたらし込んでクリームをかけたものだ。喫茶店にて婦女子の相手をするのが苦痛なる際、懐中よりウイスキーの小壜を取り出してこれを製する。

【酒茶漬け】　神様のお供え物の筆頭が、御饌《みけ》、御酒《みき》である。つまり、御飯とお酒であります。この両者の結合でありますからして、当然神さびた味わいがある。良質の米を上手に炊いた御飯に、酒をかけて食する。熱くてよし、冷たくてよし。ちょっと考えると、甘ったるくて食べられぬような気がするが、これは素人考えであって、実は、どんなに甘口の酒でも、御飯の上にかけた瞬間、世にも辛口の酒に変化してしまう。この、神さびたる、辛い辛い飲み物、というか食べ物をしみじみ噛みしめるなら、まこと己れが八百万《やおよろず》の神神の一人に化身したる心地して妙である。

打ち水

矢口純さんの話。

「まち」というのは、昔は、字でいえば「町《ちょう》」という字であったわけです。おでん屋もあれば、牛乳屋もあるし、また下駄屋もあるというふうで、つまり人の住むところであったト。で、祭りになれば、お御輿《みこし》をかついで、隣りの町内の若い衆に負けるなッてんで、親父でも、お花坊《はなぼう》でも、みんな町内の若い衆に声援したりしてね、まとまってたわけですよ、町内がね。「駅の向うの北町内に負けるなッ」なんてナ、「南分会頑張れッ」とか、そういうものがあって、初めて町は愉しかったし、その町の風土みたいなものもあった。

それが、近頃の町っていうのは、これは貸しビルなんだよナ、店屋ったって、主人も店員もどこからか通って来て、で、ビルのシャッターなんか開けたりなんかして、そして、サァ、イラッシャイ、なんて待ってやがる。

つまりね、「町《ちょう》」という字の「まち」がね、今や「街《がい》」という、つまりストリートにね、なっているんじゃないかト。昔はね、たとえば夕方、娘のハナチャンやヒデコチャンが帰って来てね、で、お婆ちゃんにおやつを貰って、そして、店の前で縄飛びしたりカクレンボしたりして遊んでいて、で、御飯だよッていう頃には、お母さんだか主人だか、あるいは板サンだかが、打ち水をしてね、三つ、盛《も》り塩をして、サァ今日はお客が何人来るだろうと待っているト。家族ぐるみでね、お客を待っているト。いうのが昔の町であり、店屋さんの感覚だったわけなんですよ。

つまり打ち水なんてものはね、これは居ついた人が、心から、自分のスペースを、町を、大切にしてるからやるわけじゃないですか。ねェ。それが今や日本中全部ストリートになっちゃったト。町中が貸しビルになっちゃったト。人の住むとこじゃなくなっちゃったト。だから従って打ち水しようなんて気持ちもなくなってしまったト。いやな世の中じゃござんせんかト。いうのが私の考え方なんだよナ。

本屋

　私が現在本屋に支払う金額は、毎月三万円から五万円くらいであろうか。一般の人人から較べれば相当に多額の金を使っていることにもなるし、それだけ私は本を買うことについては習熟してもいる筈なのだが、どうも私は、いまだに本屋にはいると迷いに迷ってしまう。

　たとえば、ふらりと本屋にはいって、一とわたり見て廻る。自分の現在の興味からいって、読みたい本が何冊か目にとまる。

　オヤ、吉井良三先生が二冊目の本をお出しになった。今度は『洞穴から生物学へ』か。ホウ朝日の『探検と冒険』は第八巻「海と空」か、ヘエ、気球の作り方が出ている。『東方見聞録』マルコ・ポーロ、これもいつか読まなきゃいけないしと、新井白石『西洋紀聞』あぁ、あぁ、読まなきゃいけない本が随分あるなあ、『古代の日本』ヘエ、こんなシリーズがいつ出たのかな、角川書店か、ええと――とりあえず、今夜読むものがありゃいいんだが、ええと何にしたものか、などと迷いに迷い、そのうち岩波新書の前などに来て、あれも欲しくこれも欲しく、まるで決定能力がなくなって――なァに、欲しけれゃ全部買やいいんです。そのくらいの財力はあります。一度欲しいと思った本は、大概いつか買うんだから、今ついでに買って積んでおけばいいんだが、どういうんでしょう、やっぱり本屋廻りっていうのは、素寒貧《すかんぴん》の学生時代についた癖のせいか、今だに私は本屋にはいるとなぜか一冊か二冊を撰び出そうとして悩みに悩んでしまうのである。

　ところで、つい昨日も本棚を睨んでいたら、隣りにいた可愛い女の子たちがこんなことをいっているのが耳にはいった。

「マンガもいいんだけどサ、マンガって絵と字と両方読まなきゃいけないから疲れるのよネ、絵だけのマンガならまだいいんだけど……」

　本屋の前途も多難というべきであろう。

冑建築

　商店街を歩いて、一軒一軒の店の作りを仔細《しさい》に観察してみるがよい。正面からは、堂堂たるコンクリート二階建てのビルディングと見えたものが、横へ廻ってみると、実は単なる木造二階建てのバラックに、洋風の正面を貼りつけたに過ぎぬことが判明するであろう。商店街の正面の壁を次次に引っ剝《ぱが》して廻ったら、恐らく、見るに忍びぬ貧民窟のようなものが姿を現わすに相違ないのだ。

　このような建築様式を、一般に冑《かぶと》建築と呼び慣わす。

　冑建築を私は愛している。いや、愛しているという言葉は当てはまらぬ。それは、たとえば自分の肉体的な欠陥に向けられる感情に似ている。それがどんなに醜く、やりきれぬにせよ、私は一生それと馴れ合ってゆくより他ない。良かれ悪しかれ、それは自分自身なのである。

　然り、冑建築は、われわれ日本人の実に正確な自画像であると思われる。松本清張氏の定義によれば、冑建築とは「まえだけ洋風に立派に見せ、うしろはバラック平《ひら》屋《や》の家」とあるが、これはそのまま近代の日本人に対する痛烈な皮肉になっているではないか。

　日本文化は行き止りの文化であるとよくいわれる。日本文化を形作る唯一の本質はといえば輸入である。模倣である。ごたまぜである。見境いなしに取り込むということである。一心不乱に海外の文化に憧れて、自分なりの貧しい工夫で、なりふり構わずその憧れを実現している（つもりになっている）時、日本人は一番日本人らしかったのではなかったろうか。実に日本文化は冑文化なのであります。

　今日も町町で冑建築が取り壊されてゆく。あとには最新式のビルが建つのだろう。

　冑建築よ、さようなら。永い間ご苦労さん。

父親

　こないだね、うちの三歳になる息子が初めてケンカしたわけ。ウン、僕もそばで見ていた。相手は近所の子でね、やっぱり三歳くらい。そいつが強いんだな、ケンカに慣れてるのね。動きが早いし、相手の虚をつくわけだ。

　初めは普通に遊んでたのね、グルグル追っかけっこしたりして。そうしたら、その子がいきなりうちの子に一発くらわした。それがまるで何のきっかけもないのね、遊びながら突然平手打ちなんだな。息子は一瞬キョトンとしたがたちまち口がゆがんで泣きべそ寸前の顔になった。相手は好調の波に乗って二発目三発目を命中させる。うちの息子は泣き声ともうなり声ともつかぬウェーンという声を発して組みつきに行くが、相手は素早いんだな、身軽に動きながらまた二発ばかり食わせるわけ。

　ついに息子はかなわぬと見たか私の膝の間に逃げこむとベッタリ吸いついて離れなくなったね。「オイ、あっち行って遊べよ」といってもあいまいに笑ってますます吸いついてくる。おれもカッとなったからね、「ダメだよお前、やられたらやり返さなくちゃ」なんて、わざと邪険に押しのけて新聞読むふりをしていると、やがてゴツンという音がした。ヒョイと振り返ると、息子の諸手《もろて》突きがカウンター気味に決まったらしいのね、相手の子が仰向けに引っくりかえるのが見えた。オッ、いいぞ、と思わず乗り出すと、今の一発で形勢逆転よ、今度はうちの子が相手を追っかけ始めた。

　もう私としては内心ぞくぞくとうれしいわけね、ヤレ！　ヤレ！と思いながら横目で見てると、相手の子ってのは本当に慣れてるんだな、突然ころんと地べたに寝ころんで「イヤア、まいったまいった」っていうのね。こりゃ驚いたね。何たって漁師町の子でしょ、朝晩大人に引っぱたかれてるから、子供同士のケンカなんて、ほんと軽い気持ちなのよね。

　でもさ、自分の子が勝ってる時の、あのあさましくもうれしい感じったらないね。つい四、五年前まではさ、未来の公害社会へ子供を送り出したくないとかさ、自分そっくりの子供ができたら気味悪いなんて粋がってたのがさ、ホントもうひどい変わりようね。

でね、ま、そんなこともあったんでね、今、私は息子に頭突きを教えてるわけよ、次のファイトにそなえてさ。エ？　いや、それがなかなか効くんだよ、うちの子の頭突き……。

クリーンベースボール

クリーンベースボールと聞いて私は大いに頭をひねった。クリーンベースボールとはそもそも何ぞや？　洗いたてのユニホームに身を固めた選手たちが、ひげのそりあとも青青とベースボールに打ち興じ、ゲームの後はグラウンドを掃き清めて去って行く――などということではまさかなかろう。ないとわかっていながら、どう頭をしぼってみても絵になってこないのは、おそらくナガシマ本人に明確なイメージがないからにほかなるまい。「絵になる男」の作った標語が、さっぱり絵にならない、のである。

そもそもナガシマの使う言葉というのは「伝統ある巨人軍」とか「栄光のVナイン」とか、一々空虚にして紋切り型であるのを常とするのだが、それにしてもクリーンベースボールというのは、その想像力の貧困において他の追随を許さぬものがあるように思われる。ダーティーベースボールのほうがまだいい。少なくとも描写的である。おそらくカネダならダーティーベースボールを選んだろう。

思えばカネダの監督就任当時の発言は、すべておそろしく生き生きと輝いていた。「野球は下半身である。下半身を鍛えるため、選手はひたすら走り抜け。そのためには、うまいものを腹一杯食わせよう、成績が良ければ責任をもって球団から金を取ってやろう、それがおれの役目だ」――間然するところがない。いうことが一々具体的で、相手に鮮明なイメージを喚起したのである。

結局、言葉というものは想像力であるとつくづく思う。そうして、想像力が観察力を基盤とするなら、ナガシマの言葉における想像力の欠落は、すなわち観察力の貧困を意味しはすまいか。観察力なくしては、相手チームに勝つことはおろか、配下の選手を掌握することすら難しかろう。
と――一見、野球評論家風の一文を草して私は庭に出る。フリーバッティングを実践しようというのだ。投げるのは身重の妻、打つのは私である。妻が緑色のボールを投げる。私はそれを幼児用の赤いバットで打つ。ボールもバットもプラスチックで、紙のように軽い。

どうやら私は外角高めのスローカーブに弱点を持つようだ。身重の妻の繰り出す山なりの曲球に、またも私のバットは空を切るのである。

新幹線

新幹線の東京―大阪間がたまらなく好きなのである。列車に乗る時は常に地図を携帯し、走っている間中首っ引きで風景に当たる。

「ホラ、次に鉄橋が来るぞ、ホラ、来た来た。これを渡るとトンネルがあるはずだ、ホーラ、トンネルに入った。トンネルを抜けると――エート、左側に東海道本線が見えるはずだが――オッ、ホーラ、ホラホラ、あれが東海道本線」などと、地図と景色を忙《せわ》しく見くらべ、地図と景色が一致していれば、まことに納得がいって喜ばしく、そうして、地図と景色は当然のことながら一致しているから、私はもう東海道をホクホクと納得のしっ放しでアッという間に大阪に到着するのが常なのである。

実にわれながら単純にして幼稚であると思う。この、納得の喜びにふけっている時の私は、おそらく小学生程度の知能に戻っているに違いない。

しかし――

しかしですね、開きなおって考えるに、これは感動しないあなたの方が間違っているのではあるまいか。すべての情報に対して受け身になっている現代人の病に、あなたもとりつかれてはいないか。

新幹線で東京―大阪間を突っ走るというのは、本来想像を絶する経験であるはずだ。東京、神奈川、静岡、愛知、岐阜、滋賀、京都、大阪の各都府県のたたずまいが、眼前にパノラマの如く展開するのである。蜜柑畑あり、青い海あり、富士山あり、茶畑あり、田園風景あり、大都会あり、大きな河だけを拾ってみても、富士川、安倍川、大井川、天竜川、木曽川、長良川、揖斐《いび》川と、実に大スター級の河川が、それぞれの営みを宿しつつ、飛ぶが如くに去来するのである。ことにも列車が大垣を過ぎ、左右の山が次第にせばまって、ついに関ヶ原に突入するあたりの緊迫感、そうして、トンネルを抜けるとたちまち風景は一転し、右の車窓に伊吹山の奇怪な山容をながめつつ、琵琶湖東岸のさびしい田園を一気に南下する変化の妙、実にくめども尽きぬ興趣ではないか。

　これほど壮大なドラマが眼前に展開しているのだ。なぜみんなもっと驚かぬ。週刊誌など読んでる場合じゃないでしょう。目をカッと見開き、膝をハタと打って、「オウ、あれは！」「これはしたり！」「ウーム、意外また意外」などとわめきちらしたらどんなものか。感嘆のどよめきを乗せて列車は走るべきである、と私は思う。

ロウ細工

　食堂の表に飾ってある食べ物の見本、あれを私は愛している。あの、ガラス箱の中に陳列された、食べることのできぬ食べ物たちの、幾分いかがわしくグロテスクな、そうしてまた、陽気で露骨な後進国的味わいを、私は好もしく思わずにいられない。

　思えばあの見本というものも、昔は粗末なものであった。かき氷の見本は、氷が脱脂綿でできていたし、トンカツのつけあわせのキャベツなんぞは、緑色の紙の刻んだものが添えてあったものである。総じて、肉もネギも御飯も、いかにもロウ細工という趣があらわであったように思う。

　ところが、技術革新の波は、この業界をも例外にはしておかなかったのですね。近来、あのロウ細工が、断然リアルなものに変わってきたのである。ヤキソバの上に、トロミをつけた具がドロリとかかって、ウズラの卵がのっている、なんていうのが、もうほとんど芸術品といっていい域に入ってきた。（しかもそのドロリが皿のふちの白い部分にポタッと一滴たれたところまで再現してあるのだ！）あんなにまでリアルな必要はない、少しやり過ぎなのではないか、と思う一方、一体あれはどうやって作るんだろうという疑問がムラムラとわき起こったのである。

　もちろん型なんぞは使ってないだろう。オソバのもつれ工合など、余りに複雑で、型を使っても抜けるわけがないし、かといって手作りでもないはずだ。あの芸術品を手作りで作ったら一個につき何日もかかってしまう。そんなことが引きあうわけがないのである。一体あれはどうなっているのか？

　本当のことを教えようか？

　実は、最近私は、あれを作っている現場を取材してアッと驚いたのである。実に驚きあきれた。あれはね――あれは本物なのよ。本物のヤキソバに、透明なプラスチックのスプレーをかける。ト、食べ物はそのままの姿でロウのように固まってしまうのである。

　などと書くと本気にする人がいるといけない。失礼しました。今のはウソ。いや、それほどまでにリアルなのである。

　今日も、リアリズムのナゾが解けぬまま、私は食堂の前に足をとどめ、ガラス箱の中のロウ細工を、しばし、ためつすがめつするのである。

ショージキ

「子供を育てる上で大事なのは、大人たちの間のチームワークね。つまりサ、ママには内証よ、とかいってお菓子なんかやって、自分一人いい子になるような人が一人いると、これはもう、どんな育児法もアウツなわけよね。だからさ、うちじゃ、子供にかかわる大人たちの間で、守るべきいくつかのルールがあるわけ。それ聞きたい？」

「ぜひお願いします。うちも今度生まれるんだけど、どうもいまだにどう育てるか方針が立たなくて困ってるんですよ」

「じゃあいうとね、まず、果物を除いて、甘い物は一切やらない。テレビのチャンネルは一切いじらせない。子供の目の前では絶対にオモチャを買わない」

「なんだか馬鹿に具体的ですねえ」

「そうなのよ。子供を育てるということは具体的そのものなのよ。君も今に思い知るわけだが、次へ進むとだね、一人がしかってる時には、他の者は絶対助け舟を出さない。ニヤニヤしててもいけないのよ。みんな無表情でいる。その代わり、しかったあとはすぐケロリと忘れて朗らかに遊ぶ。それから、交換条件は出さない。これ片づけたらオヤツ上げますからね、とかサ。親子の間ぐらい、無条件の信頼関係でいきたいじゃないの、取引じゃなくてさ。ネ？　そのためには——これが一番大事なんだけど、子供に対しては絶対ウソをつかないことね。大人っていうのはよくウソをつくのよ。ハイ、電話で遊ぶのもうやめましょうね、電話こわれちゃったからね、とかサ、無意味なウソを平気でつくわけ。こういうのが積み重なって大人不信が生まれる、とかいうつもりはないけど、でも、将来何かあった時、トウチャンがお前に一度でもウソをいったことがあるか、なんて開きなおれるかどうかっていうのは随分違うと思うのね。それにサ、絶対子供にウソつかないと決めることによって、子供に対する態度がおのずと誠実にならざるをえないっていう、副次的な効果が大きいワケ。そして子供っていうのは、大人のそういう誠実さをとても反映するわけよ、なんたって子供は正直だからサ」

ここまで話した時、そばで遊んでいた子供が突然

「子供はショージキじゃないですよ」

と、口をはさんだ。見れば、いかにも納得できぬという表情で目を光らせている。あっけにとられている大人たちに、子供は

「ショージキはここにあります」

といって掃除機を指した。なるほど、子供は掃除機ではない。

高校野球

高校野球のどこが嫌いかというと、そこもここも嫌いなのだが、とりあえず引っくるめてウソっぽいところが良くない、とでもいおうか。世間では、高校野球はプロ野球と違ってウソがないからいいということになっているが、そんなことはないですな、ウソがない

のはプロ野球の方で、それはナガシマ巨人が最下位というのを見ても実にはっきりしている。ウソがつけるなら、ナガシマ巨人は、とうにトップを独走しているはずでしょう。

さて、高校野球であった。まず、みんな丸坊主である。そうして、守備が終わると、みんな全力疾走でベンチに帰ってくる。そういうところがたまらなくウソっぽく不快である。なぜ「みんながみんな」そうなのか。ピッチャーやキャッチャーは歩いて帰ったっていいじゃないかと思うのだが、たとえピッチャーやキャッチャーが歩いて帰りたくとも、それを許さぬ空気のようなものが日本中にみなぎっていて、その辺が実に戦争中にそっくりだと思う。

いくら高校野球だからって、みんながみんな「良い子」であるわけがないわけで、みんな「良い子」なら、そこには必ずウソがある、と思うのが常識というものでしょう。たとえばピッチャーが、アンパイアからボールをもらう。ピッチャーは「必ず」帽子を取ってペコリとおじぎをするが、礼儀作法から見れば全く不要の礼である。なんであんなことをするのか？わかり切った話なんです。高校野球の選手は純真ということになっているから、タテマエ上そのように振る舞っているだけのことであり、要するに選手たちは「純真な球児」たちを演じているに過ぎぬのであって、要するに、みんな見事に処世術がうまいのよ。

ト――まア、そんなわけで、私は高校野球が大嫌いで、嫌いだから見ないかというと、そんなことはないのよね。むしろ嫌いさを満喫するために朝からテレビにかじりつき、一方のチームを選んであらん限りの声援を送るのである。そうして――声をからして応援してそのチームが勝つと、連中がその時まず何をすると思う？自分たちの応援団のところへ行ってペコリとおじぎするのよね。まア、なんという了見のせまさ、スケールの小ささ、かわい気のなさなのかねえ。スポーツの大らかさなんぞ瞬間ふっとんじゃって、突如球場は、ケチ臭い郷土愛と、卑小なる義理人情の風土に変質してしまい、そこで私は、心の底からこみ上げてくる嫌悪の念を腹一杯満喫しながらまた次の試合にかじりつくのであります。

海洋博

海洋博の各館の批評というのがあまりないので、私が少しやりましょう。

三菱海洋未来館というのに入って行くと、無数のベンチがイモ虫式につながったのが動いている。観客はこのイモ虫に乗って穴ぐらのようなところを運ばれ、その眼前に、未来の海底風景が展開する――ト、まア、文章にすればなんとかサマになっても聞こえようが、実情はお化け屋敷に毛の生えた程度の代物なのよネ。できの悪い、張りボテの大ダコがゆらゆら揺れていたり、立体映像機の中にウラシマタローが薄ぼんやり映っていたり、要するに美しくもなければ迫力もない、いわばやっつけ仕事を絵にかいたような貧相なディスプレーなのである。三菱にあれだけの実力しかないとは到底信じ難いから、やはり、よほど沖縄海洋博をなめてかかったのだろう。

政府が巨費を投じて作ったアクアポリスもまたしかり。将来は人の住む海上都市というふれ込みである以上、せめてモデルルームの一つも見せてもらいたいし、電気や水はどうするのか、汚水の処理はどうなるのか、その辺も知りたいと思うのだが、「動く歩道」からながめられるのは、相も変わらず、魚のオモチャの遊ぶ、人形劇の海底風景のような子供だましなのである。

いったい、大の大人がこんなものを喜ぶと、本気で思ってるのかしらん。どうも博覧会のたびに大衆が幼児なみに扱われるのは、やはりそれが、企業や権力の無意識の願望だからではないのか――ナーンテ思いながらヒタチの海洋図書館へ行くと、幼児なみなのは企業側だというのがよくわかる。

この館では、海に関するテレビ番組がたくさん用意してあって、人人はテレビの前に腰をおろし、パネルのボタンを押して好みの番組を見る、という式のものなのだが、私が行った時、六台並んだテレビが、皆同じ画を映していた。どうしたの？　と聞くと、みんなが別別の番組を選ぶと、音がゴチャ混ぜになって困るからだという。ばかじゃなかろうか。並んだテレビが別別の番組をやれば音がぶつかることくらい、三歳の幼児にだって見当がつくだろうじゃないか。

万事ナゲヤリでテヌキなのである。海の息吹も沖縄の息吹も何もありはしない。日本中央の、土建屋、設計屋、ディスプレー屋が、「どうせ沖縄」とタカをくくって机の上ででっち上げた、胸の悪くなるような小手先細工、それが今度の海洋博の掛け値なしの巨体であった。唯一の慰めは入りが悪いこと、そしてもう一つ、わずかに芙蓉グループと三井こども科学館が、誠実で人間味のある仕事をしていたことくらいだろうか。ともあれ、土建屋だけを確実に太らせて、海洋博はきょうもあなたをお待ちしている。

爆弾

その時、私は新幹線に乗って、ぼんやり窓の外を眺めていた。ふと気がつくと前の客と車掌が声をひそめて話している。

「この荷物は、私の荷物じゃないんだが」

客が指さすのにつられて網だなの上に目を移すと、なるほど、黒い小さなカバンが載っている。

車掌は急に鋭い目つきになってカバンを一べつすると「ちょっとお待ちください」といい捨て、あわただしく車掌室へ消えた。

車掌がいなくなったとたん、不安が私の胸にわきおこった。網だなを見上げると、黒いカバンがにわかに変質したようである。同じカバンが、突然、何やら高性能の爆弾をひめた、陰険で精密な殺人機械に見え始めた。黒くて小さな、その形からして、いかにもいわくありげにそれらしく、耳をすませば、コチコチと時計の秒を刻む音が聞こえてくるかと思われる。

もし――ばからしい話だが――もしあれが本当に爆弾だったらどうする。私の席は爆弾から三メートルと離れていない。おそらく私はコッパミジンだろう――とは思いながら、やっぱり腹の中には、まだ、まあまあそんなことはありっこないじゃないの、とタカをくくってニヤついている部分があって、その証拠に私の体は格別、何の行動も起こそうとはしない。

「しかし――」と、もう一人の私がいう。「もし、ということだってあろうじゃないか。とりあえず席をかわってみたらどうか。一時トイレに立つとか、前の車に移るとかしてみたらどうか」。ところが、それができないのである。もし何でもなかったら私の行動は滑稽千万なことになってしまう。主として恥じらいの気持ちが、この緊急の事態にもかかわらず、私の体を依然として元の座席に釘づけにしているのである。

　何を恥ずかしがることがあろうか。私にはまだまだやりたい仕事もある。妻もあり子供もある。子供はまだ三歳で、二人目がおなかに入っている。命あっての物種ではないか。さあ立て。立って席を移れ。

　私が腰を浮かそうとしたちょうどその時、車掌が帰ってきた。車掌はしばらくカバンを見つめた。おそらく彼の胸もまた、妻子を思って千千《ちぢ》に乱れたろう。しかし、義務感が勝利を収めた。車掌は決然としてカバンに手を差しのべた。その時である。前方の座席から男がふり返って叫んだ。

「ア、そのカバン、ワイのんや」

　瞬時にして、カバンは、またもとのただのカバンに戻った。

デンマークの性教育

　先生が子供たちに絵本を見せている。絵本の中では男と女が抱き合っていて、二人とも裸である。性器もついている。クルクルッと陰毛らしきものも描いてある。

「さあ、お父さんとお母さんは何をしていますか？」

「赤ちゃんを欲しがっています」

と、子供たち。

「赤ちゃんを欲しがると、お父さんはどうなりますか？」

「ボッキします」

「じゃあ、お母さんのおなかの中には何がありますか？」

「シキューがあります」

「ホーラ、これはお父さんがお母さんの上になっていますよ。何をしているところですか？」

「セックスです」

「セックスをするとどうなりますか？」

「赤ちゃんができます」

デンマークの、小学校三年の授業風景である。絵本の中では、やがてお母さんのおなかの中で赤ちゃんが大きくなり、二人は服を着て自動車に乗り、お父さんの運転で病院へ出掛けて、分娩台に乗り、やがて、赤ちゃんが、母親のひろげた足の間から生まれてくるありさまが簡明に描かれている。

なんでも実地に見てみないとわからぬものだと思ったのは、性教育は、子供たちにとって、当然のことながら、まず親の物語なのである。そうして、それが同時に、なぜ自分がこの世に在るかということへの答えになっている。これはなかなか大変なことである。子供が親の性を知るということは、タテマエとしての親の消滅を意味する。親子関係の根底に横たわるうそがとっぱらわれ、親の権威が消滅してしまうと、親は当然、一個の赤裸裸な人間として子供と向かい合うという結果にならざるをえない。性教育は、実に社会を根底から変えるような副次的な効果を持つのである。

先生と生徒の関係というのも日本とは随分違う。たとえば、児童たちが、かわいい声で叫びながら盛んに手を上げる。日本なら、当然
「センセイ！」

といって上げるところだが、なんとなく気配が違う。よくよく耳を澄ますと、児童たちは
「イレーヌ！」

「イレーヌったらァ！」

と、先生の名前を呼んでいるのであった。

そりゃ外国の風習さ、といってしまえばそれまでの話である。しかし「センセイ」と「イレーヌ」の根底に横たわる精神構造の差は大きい。「センセイ」は、とりあえず無批判に尊敬されるべき存在であるのに反し「イレーヌ」は、先生である前にまず人間であり、人間である限りにおいて児童と対等の存在である、といえよう。

日本では、いかに管理されやすい人間をつくるかが教育の最大の

目的であり、学校は、いきおい管理社会のヒナ型とならざるをえない。学校の授業もまた「出席をとる」という、実に、この上なく管理的な作業から出発する。

　私の見た限り、デンマークの小学校では、出席をとる先生は一人もいなかった。それもそのはずである。一クラスがたかだか二十人くらいしかいないのだ。一目みれば、だれが休んでいるくらいは判ってしまう。この小人数だからこそ、先生は児童各人の心や能力を把握できるし、従って児童との間にキメ細やかな人間関係をつくりあげることができるのだ。そうして、こういう関係が前提となっているからこそ、性教育ということもできるのである。

　九年生の性教育は、いきなりコンドームの話から始まった。（おどろくべきことに男女共学である）

「コンドームの効用は?」「ハイ、避妊です」「それから?」「――」「わからないかな、もう一つ大きな役目がある」「ハイ、性病の予防です」「そう、コンドームは性病を予防する。そこがピルとは違う点だ。コンドームはどこで買えばいいかな?」「ハイ、薬局」「自動販売機」「スーパー」「よし、じゃあ値段は?」「3個で5クローネです」「そう、大体そんなものだが、もっと安いのもある。先生の近所のスーパーじゃ、10個が13クローネだ」

　日本で言えば中学二年くらいだろうか。生徒たちは、こんな授業を実に無邪気な顔で聞いている。デンマークの性教育を見ていて感動的なのは、先生も先徒も非常に自然だということである。性について話していながら、道学的なところが一切ない。陰湿な点、犯罪めいた点、話してはならぬことを話しているという雰囲気が一切ない。

　先生は、まるでスポーツ選手のように、フットワークも軽軽と教室中を動きまわる。生徒たちも先生の名を呼び捨てである。全体に、管理する者とされる者という雰囲気がまるでない。教師対生徒という上下関係とは全く別なところで信頼が成り立っているように思われる。おそらく、遠い昔、デンマークの先生は、権威を捨てて自由と平等をとったのだろう。管理を捨ててコミュニケーションと友情をとったのだろう。

授業のあと、三年生から十年生まで二十人ばかりの生徒に集まってもらって話を聞いた。面白いと思ったのは、性について話す時、彼らが非常にナイーブな恥じらいを見せたことである。モジモジするというのではない。ハキハキと答えるのだが、答える前に一瞬ポッと赤くなる感じなのである。オープンな性教育のもたらすものが、妙なワケシリ顔でなく、素朴な恥じらいの念である、というのが私にはうれしかった。

「恋人と肉体関係のある人は?」

という問いに、十年生の女生徒二人が、少し上気した顔で手を上げた。

「あなたのところではピルですか、コンドームですか?」とたずねると、二人とも

「コンドームです」と答えて、また赤くなった。

大実験

北欧の小学校を見て歩いて、一番感じたのは、子供が可愛い、ということであった。子供たちが実に可愛い。いじけていない、ひねくれていない、イライラしていない。実にのびのびと純なるものであった。

では、なぜ北欧の子供たちは可愛いのか? 乱暴にいうなら、結局、これは受験勉強がないからで、なぜ受験勉強に必死になる必要がないかといえば、大学を出たからといって殊更に尊敬されるわけでもなく、出なかったからといって一段低く見なされるということもない。学問を志すもの志さぬもの、いずれも人それぞれの特性であって、どちらが偉いということに直結しない。大学を出ても出なくても、大人たちはそれぞれの職業において充足した顔つきで各自の人生を歩んでいる。つまり北欧の社会を支えているのは根深い平等思想であり、平等のもたらすものが可愛らしい子供ということになる。

ひるがえって日本を考えるなら(再び乱暴にいいますが)日本を動かしている原動力は不平等ではないかと思う。職業に貴賤あり、

である。職業には断固として貴賤がある。一段高い職業と低い職業が存在し、従って低い職業についたものはなんとしてでも上へ上へとのし上がって人に羨まれたい、自分がだめなら、せめてわが子を、と思う。これが大国日本を支えるエネルギーであり、かくして日本はエネルギーに満ち満ちているのである。（職業に貴賤あり、という言葉が納得ゆかないといわれるなら、社長と小使いとが同じという社会を考えていただきたい。給料の話じゃないよ。社長と小使いが人間として対等という社会を考えていただきたい。本人たちの意識の中においても社会が彼らに向ける目においても対等という世界を考えてもらいたい。それが職業に貴賤なき社会である。日本はどうであろうか？）

日本の子供はつくづく可哀そうだと思う。社会に適応すればするほど子供たちは緊張し、萎縮せざるをえないシステムになっている。どうすれば子供から子供らしさを奪えるか、どうすれば愛らしさを奪えるか、それにはまず大人をイライラさせることだ。大人を緊張させ、ゆとりを取り上げ、競争に駆り立て、常に現状に不満の心を抱かせ、おびえさせ、将来の安心を絶対に与えなければ、子供は当然、大人の不安を反映した競争原理に組み込まれ、たちまちイライラと萎縮してゆく。

実に日本においては、国家的規模において、子供の可愛気をなくす一大実験にとりかかっているとしか思えない。

博物館

十月からNETで「世界の学校」という番組が始まり、私も何本かレポーターをつとめる。さきに何回か外国の教育事情について書いてきたのは、すべてその取材中の見聞によるものであった。同じテーマをテレビではもう少し突っ込んで考えてみたいと思っているが、最後にもう一つの見聞をつけ加えたいと思う。

ミュンヘンの博物館に、最初の自動車というのが置いてある。無論蒸気自動車であって、図体も余程大きなものである。日本なら当然周囲にロープでも張って、一段高い台の上に鎮座しているべき文化財であるが、驚いたことに、これが無造作に放り出してあるのだ。「そんなことをしたら大変ではないか、みんなが触るだろう」という心配は無用である。ドイツの子供たちは、公徳心があるからだれ一人触りはしないのだ——というような話では全然ない。触るのである。みんな触りまくる。そうして——更に驚くべきことには、触ると動くのである。危険だから走り出しはしないが、エンジンが始動する。

　この自動車を先頭にして、自動車の発達の歴史が実物で並んでいる。どの自動車もことごとく動く。最後の一台はフォーミュラーカーで、もちろんこれも動く。別の部屋に入る。ジェームズ・ワットの発明した蒸気機関がある。巨大な物である。これがまた動く。

　蒸気機関車がある。石炭こそ焚《た》かぬが、電動式になっているのだろう。スイッチを入れるとピストンが重重しく動き出し、鉄の車輪がノッシノッシと空転を始める。あるいはまた産業革命当時そのままの薄暗い工場がある。古風な機械のベルトがブンブン回っている。実物の潜水艦がある、帆船の模型がある、落雷の実験がある、ベートーベン時代のクラヴサンの演奏がある、レオナルド・ダ・ヴィンチの飛行機がある、全部生きて動いている。

　思いつくままに挙げたが、無論でたらめに並んでいるわけではない。動力の発達、二輪車の発達、四輪車の発達、船の発達、飛行機の発達、それらの進歩の歴史が、すべて実物ないし模型によってたどれる仕組みになっているのだ。くどいようだが、一切の実物と模型が手で触れられ、動かすことができるのである。要するに「何もかも触ってよい。全部動く」これが原理である。館内に入る者は、大人も子供もすべて「遊べ！」これがモットーである。これが面白くないわけがない。面白がっているうちに、蒸気機関から宇宙ロケットまで、なぜ人間は発展せずにいられなかったかがひとりでに頭に入ってしまう。

　結局、この博物館は、われわれに、物を創るに当たってプリンシプルを持つことがいかに大切であるかを教えてくれる。そうして、プリンシプルを発見するためには、最も本質的なところにおいて悩むべきこと、そうして、なによりも志を高く持つべきことを教えてくれているように思う。

ミュンヘンの博物館と海洋博との距離は無限といってよいのである。

美食について

「一日ニ玄米四合ト、味噌ト少シノ野菜ヲタベ」という、宮沢賢治の詩の一節が、近頃ひどく心にしみる。ひょっとすると、これはただ質素を説いているだけではない、食生活の基本に対する深い洞察を含んだ教えなのではないか。次第にそのような気になり始めた。

そもそも、朝起きるとパンとバターとミルクと卵で朝食をとり、昼にはラーメン、そうして夜にはカレーライスというような生活は異常なのではないか。これでは朝から晩まで三食全部が美食である。しかもこれが毎日連続するから、ついにはそれが美食であることすら忘れ果てて、今日は何を食べようかといってもはかばかしい知恵も浮かばない。「あなた今夜何にする？」と女房に聞かれて腹を立てぬ男がいない、というのがその浅ましい帰結である。

つまり、何も食べたくないのである。食べたくないのを惰性で無理に食べる。無理をして、肉を魚を卵を白米を砂糖を食べる。無理をして食べるから少しもうまくない。何という無駄であろうか。

昨今、テレビを見ても雑誌を見ても、美味美食の探究のかまびすしきこと、ただならぬものがある。実に愚かしいことといわねばならぬ。世の中にはその日の糧にもこと欠く人がいるというのに、三度三度、三百六十五日美食を繰り返し、肥満の揚げ句諸病を併発するなんぞ正気の沙汰とも思われぬ。（美食というのは有害なんです。有害な代わりに美味なんです。それが美食なんです。）

食生活の日常をもう一度「玄米ト味噌ト少シノ野菜」という次元に引き戻してごらん。（私はとっくの昔に戻してしまった。ただし、私の場合玄米四合というのは無理である。一日せいぜい一合くらいだろう。）これは実に玄妙にして清浄な世界である。人間の格が一つ上がり、己がにわかに精神的な存在に感じられるばかりではない、月に一度のトーストや、年に一度のカレーライスが、いかに燦然《さんぜん》として光り輝く奢《おご》りの頂上となることか。日常は粗食に徹すべし。粗食に徹してひたすら血液を浄化し、痩身《そうしん》を心がけよ。

と、私がいうのも故なきことではない。「今の新生児はですね、七〇％が肝臓肥大なんです。胎児のうちから解毒せざるをえないというところに追いこまれている。美食と称してあらゆる食品添加物、公害物質をとりこんできたことに対する、これが答えなんですね」

最近、私の親しい小児科医が、そっと耳打ちしてくれた言葉である。

秋の田ンボ

「稲がすっかり黄色ですなあ」

「実に胸がせいせいするね。秋の田ンボがこんなに心にしみるのは、やっぱり俺たちがしんから日本人だからなのかねえ」

「オヤ、ワラが積んである」

「どこに？」

「ホラ、あの、トンガリ帽子みたいな――」

「ああ、あれね、あれは失礼だがワラじゃないの。あれはね、米。米が干してあるの」

「ア、そうですか？」

「あれはこのあたりじゃコズミといってね、刈った稲を束にするでしょ、それをトンガリ帽子の形に積む。よく見てごらん、トンガリ帽子の裾の方に稲の穂が見えるでしょうが」

「ア、ホントだ。あのトンガリ帽子が、刈った田ンボに整然と並んでいる情景はなかなかリズムがあってよろしいが、しかし、あんな積み方で米は乾くのかね」

「だからよく見てほしいんだなア、外側の束が割に雑に積んであるでしょ。あの束と束の隙間から風が吹き込んで、米は自然に乾いてゆく仕掛けなのよ」

「あっちの田ンボでは稲が横棒に掛けてありますな」

「あれはカケボシね」

「どうして干し方が二つあるのか

ねえ」

「それはね、仕事の手軽さでは断然コズミがいいわけ。なんせ刈った稲を束ねてその場で干せばいいんだからね。しかしコズミには欠点がある。天候が不順の場合、米がむれるわけよ。そこへゆくとカケボシは干し方として理想的なんだな」

「じゃあ全部カケボシにすりゃいいのに」

「ト、思うのは素人考えでね、カケボシはコズミの三倍の時間を食うし、横木や脚の材木代で反当たり六、七千円の金がかかる。だから完全な干し方をとるか、楽な干し方をとるか、その兼ねあいが難しいところで――」

「オヤ、また別の干し方があるねえ」

「あの、人間が立ってるみたいなのね。あれは田ンボに棒を立ててね、その棒を中心に、稲の束を放射状にはさんでゆくやり方ね。あの積み方は庄内平野でよく見るやつだ」

「あれはどうなんです？」

「あれは干し方としてもカケボシと同じくらいいいし、手間もコズミと変わらない」

「じゃ、理想に近い干し方ね」

「ウン、だから今テスト中らしいのよ。農協が講習会なんか開いてね」

「ヘエ。これも米作りの生産性を上げる試みの一環かね」

「ささやかな生産性のね。もう米作りの生産性を上げるったって、米の干し方を工夫するくらいの次元しか残されてないのよ」

「フーン。こうして見ると、米の干し方の中にも結構ドラマがあるもんだねえ」

ワラの火

淋しい空港に着いてタクシーに乗った。運転手はチョーサンといった。チョーサンと私は、世間話をしながら、夕暮れの田園を温泉へ向かって走った。

このあたりで客が拾えるのは空港だけだそうで、だからチョーサンは出勤するとすぐ空港へやってくる。あとは車を停めて一日客を待つ。客はおそろしく少ない。昨日の朝チョーサンは十三番の待ち順だった。そして昨日一日の客が十二人。今日の客は更に少なく、やっと最初の客が姿を現したのは、すでに日の暮れかかる頃であったという。

「そン客が、あんたじゃったわけじゃキ」チョーサンは前を見たまま、そんなことをポツリポツリと話す。

「私ら百姓やりよりもってこン仕事しよるですよ。ここらのタクシーの運転手はみんなそげエじゃなかろうか。百姓ちゅうてン、自分で食べよるだけじゃけどネ」

一転して百姓仕事の話になった。「九重《ここのえ》」という、背の低い米を作っていること。昔は背の低い米はワラが取れないから作らなかったこと。ワラはナワやタワラのほか、草ぶき屋根に必要だったこと。チョーサンの話から、このあたりの昔の暮らしが幻のように浮かび上がる。

「昔はまアみなよう働きよったですよ。朝は三時、四時に起き出しチからねえ。どげんして、あげんよう働きよったか、いま思うとようわからんですなあ」

かつてチョーサンは、やる気十分の百姓であった。子供の頃から馬車を引いて山の木を積み出した。長じては米を作り、蜜柑を植え、藺草《いぐさ》や煙草も手がけた。蜜柑が良かった時分、村に車が入り、電気製品が入り、屋根も草ぶきから瓦屋根に変わった。しかしついに奥さんが倒れた。

「やっぱり百姓やりよると、どげんしてン女の人に負担がかかるわなア、女ちゅうンは欲が深けえけん、目一杯働きよるでしょう」

外はもう日が落ちて、刈り入れのすんだ、気の滅入るような秋のたそがれの中を車は疾走してゆく。

「じゃけえど、まあ変わったですなア田舎も。昔は火葬も村でやりよったもんです。田ンボにワラが積んであるでしょうが。あのワラでねえ、死体を焼きよった。貧乏しちょってワラがねえウチは、近所ンシがワラを持ち寄っチねえ、焼きよったもんです。ホント、こないだンごとあるわなア」

チロチロ燃えるそのワラの火が見えるように思えた。やがて車は温泉に着いた。料金は四千円だった。チョーサンの歩合は一〇%だから、チョーサンは二日で四百円稼いだことになる。

チョーサンは息子には絶対百姓はやらせない、といっていた。

「田畑やなんかどげえなってンかまやせん。子供には百姓やらせんです」

二日で四百円のチョーサンがそういうなら、それはそういうことなのだろう。

桃源境

尾道の向島《むかいしま》に立花という小さな村があります。山を背に、海に面した、瀬戸内海ではごくありふれた景色なのですが、この平凡な村が、実は日本一の長寿村だというからびっくりするじゃないですか。立花の人口が千。そのうち老人の数が、百歳のお婆さんを筆頭に、七十歳以上だけに限っても、百三十四人というからこれはすごい数字です。

どうしてこうなっているのかナ、と当然私は考えました。長寿の秘密は何だろう。やっぱり食生活かな、と思って色色聞いてみると、どうも食生活だけじゃないんですね。この村では、ほんの十年前まで、麦と米を七三に炊いた麦めしが主食でありました。おかずは小魚の焼いたやつ。これに味噌をのっけて頬張るのが何よりの美味であったというんですから、なるほど長寿村らしい献立ではありますが、しかし、この種の食生活をしている土地は瀬戸内海にはいくらもあるわけで、従って、なぜこの村だけが長寿なのかという答えにはならない。実はこういうことなんです。

まず第一に、この村は環境がいい。夏は涼しく冬は暖かい。すでにして長寿の条件であります。一歩海へ出れば、うまい小魚がいくらでもとれる。土がいいからできる野菜は立派である。魚も野菜も質がいいから右から左へ売れる。つまり商売の苦労がない。かてて加えて人間が少ないんです。つまり、折角の環境も人間がひしめいていたらどうにもならぬでしょう。ところがこの村では江戸時代から産児制限をやってきたというんですね。方法は教えてもらえなかったが、ともかく一種の計画出産で、人口を一定以上増やさない。そこへもってきて、相続の方式が末子相続ですから、兄たちはためらいなく島を出て自活の道を切り開く。これがまた人口の調節に役立つ。しかもですね、子供が島から出た場合、必ず親に仕送りをするのがこの村の不文律になっておりますから、親は安心して年をとれる。

しかもです、更に特筆すべきは、この村には庄屋というものがありません。あるいはまた小作人というものがありません。みんなひと並びに中百姓である。この村では、みんなお互い呼び捨てなんです。つまり同格なんです。つまり平等なんです。

平等な人間がお互い分を守ってつつましく暮らしているから無用の競争がない。競争がないからストレスがない。かくして平等が長寿の秘密であるという、驚くべき結論に私は達してしまったわけですね。

どうも、えらいもんじゃありませんか。デモクラシーも何もない遠い昔、すでに平等を原理に、この土くさい福祉社会をひねり出してしまった奇妙な村人たち。私はすっかり嬉しくなり、一方、多少キツネにつままれたような気持ちにもなりながら、この桃源境を後にしたのであります。

スイス

こないだスイスへ行ってきたけど、まあ、アタマへ来たね。たとえばトゥン湖なんて行くわけよ。湖の向こうにはアルプスね、氷と岩の塊がアンタ、青空の真ん中あたりまでドーンとそびえ立って屛風のごとく連なってるわけだよ。その下にはトゥン湖が青青と静まって、もう神神しいばかりの風景なんだよ、ネ？　でサ、この清浄なる風景に向かいあってるのが大牧畜文化ね。湖のこっちはサ、緑の牧草におおわれた丘が、どこまでもウネってサ、丘には牛が遊び、羊が遊び、ネ？

スイス特有の豪壮な農家が点在してたね、黄葉だって落ち葉だって、その色鮮やかなこと、もう、まるで絵なのね。日本の美しい風景なんてゴミのごときもんじゃないかって、もう、イヤってほど思い知らされてサ、三十分ぐらい茫然自失。もうまるで声も出ない。

大自然が美しいのはまあしよう

がないんだよ。アタマへ来るのは村や家や牧場がきれいなのね。イヤ、きれいだけじゃないんだな、豊かなんだな、これに参っちゃうわけだよ、もう、差のつけられっ放しね。たとえばベルンから車で一時間ぐらい田舎の方へ走って、村の中の小さなレストランへ入ったんだよ。まず、おばさんが出てきて、こっちへどうぞ、って、行ってみると酒蔵があってさ、まわりは全部酒、頭の上は全部乾《ほ》し肉。その中で冷たい白葡萄酒を一杯やってるうちに料理ができたっていうんで、食堂へ入って行くと、もう、フォアグラから始まって本格的フランス料理が出てきやがるんだよ。村の中だよ。まわりは牛だよ。アタマへ来るじゃないの。豊かなんだよ。ゆとりがあるんだよ。考えてみればヨーロッパ文化ってものは、これすべて農業の作り出したゆとりを基調に成り立ってるんだよ。オレは日本中旅してまわってるけど「農民の豊かさが生み出したもの」ってのは、ついぞお目にかかったことがないぜ。

日本で旅して美しい風景に出あったら、ア、この美しい風景の背後には貧しい暮らしがあるんだト。人人は貧しさに耐えて生きて来たんだ、感動！　ト。もう必ずこういう図式にしかならないもんね。なんでいつまでも貧しさやつつましさに感動せにゃならんのか、感動してる場合じゃないんだよ。むしろ悔しさに歯ぎしりするべきなんだよ。オレはスイスへ行って、もう貧しさに感動するのはよそうと思ったね。自分たちの子供にどんな豊かさを残すのか、それを考えたい、と思ったね。豊かに生きるべきだという、発想、考え方、覚悟、システム、それを残したいと思ったね。それなしでは、今、われわれがかりそめに溺れている豊かさなんぞは、たちまちうたかたのごとく消えてしまうぞト、そういうふうに考えたね。

蒸気機関車

蒸気機関車が消えてゆく。人人はそれを愛惜する。

ある人は、蒸気機関車の、あの、いかにも不器用な外観がいいという。またある人は、男性的なところが素晴らしいといい、力強さが魅力であるという。いかにも働き者らしい、あのたくましさが何ともいえぬ、という人もいる。こいつはまるで生き物です。本当に心と心が通いあうんです、と機関士はいう。

要するに、機関車の魅力は、その人間臭さにあるようなのだ。人間が力一杯生きた昔。力一杯やればなんとかなった昔。いわば、人間が人間であった昔に対する憧憬の念が、機関車に対する愛惜となって現れるのかも知れぬ。

人はまたこうもいう。現代の科学の進歩はとどまるところを知らず、人間を置き去りにして、世界を破局に導きつつあるのではないか。その不安の無意識の現れが蒸気機関車をはじめ、古き良き時代への懐古となって現れるのであると。

なるほど。

確かに科学的進歩を疑ってかかることは必要であるに違いない。科学というものが、人間の監視のもとに、人間に奉仕すべく進歩するようコントロールすることは人類の緊急の課題であるに違いない。しかし、それは、時計の針を逆に回し、科学を否定することでは決して解決しはしないのだ。

科学的進歩を恐れるあまり、いたずらに機関車を擬人化し、神秘のベールで包み、機械文明に適応できぬ己への自己憐憫を機関車に対する愛惜にすりかえようとしている人人の態度を私は深く怪しむのである。

機械に対する無用の憧れ、擬人化、科学からの逃避こそ、科学の人間に対する支配を助長するものであると考えるからである。

ヒューマニズムとは、機械をいたずらに物神化することではない。道具は所詮道具に過ぎぬと断ずることこそヒューマニズムである、と私は考える。

機関車は所詮道具である。このことを冷静に見つめる目を持とうではないか。機械に対する正しい認識なくしてなんで科学的進歩をコントロールすることができよう。

先日ＮＨＫで、消え行く蒸気機関車を惜しむテレビ番組があった。ラストは、陽炎《かげろう》の揺れる中を走る蒸気機関車の長い長いカットであった。

こういう蒸気機関車のとらえ方を、私は深く軽蔑するのである。

二人目の子

先だって天皇の記者会見があった。

テレビはジャーナリズムたり得るか、という問題で、日ごろ頭を悩まし続けている私にとって、この記者会見は、実に目の覚めるようなできごとであった。

天皇がどんな人間であるか、どの程度の人間であるか、どんな表情で、どんな声で、どんな間《ま》で話すのか、その生きた答えがそこにあった。いわば、天皇の全人格がそこに露出していた。この時テレビはジャーナリズムであった。実に、テレビでしかあり得ない方法でジャーナリズムであった。この記者会見を空港で見て、私はヨーロッパへ出発した。大森実氏の『戦後秘史』をテレビのドキュメンタリーにする仕事のためである。（十二月十八日、中京テレビ、木曜スペシャル）これは藤村義朗という日本の一海軍中佐が、戦争末期、スイスのベルンで、単身アレン・ダレスに接近して和平工作をする話である。藤村がダレスに示した第一の和平の条件は天皇制の保全であった。ダレスの反応はOKであったという。この時期に和平が実現していれば二発の原子爆弾は落ちずに済んだろう。沖縄の集団自決もなかったに違いない。

歴史の冷酷さはここに始まる。

アメリカが原子爆弾の実験に成功してしまうのである。勝利はもはや確実である。当然トルーマンの目は戦後へ向かう。戦争の後、世界は米ソの対立となるだろう。この対立で優位に立つためには、原子爆弾の威力をソビエトに見せつけねばならぬ。そのためには落とさねばならぬ。そのためには日本に降伏されては困る。

降伏しにくい条件を作るため、ポツダム宣言から天皇制保全の条項を除いてしまった。案の定、日本は天皇制にこだわってポツダム宣言をけってしまう。かくして二発の原子爆弾が投下されるのである。

天皇は原子爆弾が落ちたのはやむを得なかったと言った。人人は、せめてひと言慰めのお言葉がほしかったと抗議した。そんな甘っちょろい問題ではないと思う。日本人が今後何世紀にもわたって学習すべき内容がそこにある。われわれは生涯の醜悪さを背負って生きてゆく決意をせねばならぬ宿命を持っていると私は考える。

取材のためベルリンに立ち寄った時、二人目の子供の誕生を知らされた。異国で聞く男子出産は妙に実感として迫るものがある。

藤村氏の世代は天皇制を残すために生命をかけた。私は、子供たちにどんな世界を残そうとして生きるのか。齢《とし》とともに、私の心を大きく占めるのは「平等」という二字である。この言葉が私をとらえて放さない。

二人目の子供に万平という名をつけたのはそんなことが心にあったからかもしれない。

正月料理

わが家の正月料理が決定した。一つはフォンデュ。スイス料理である。簡単にいうなら、煮立てた白葡萄酒でチーズを溶かしちぎったフランスパンをつけては食べる、というだけの素朴な料理である。発明したのは牛飼いだろう。こいつが滅法うまい。寒い夜親しい友とこれを囲んで、プップツ煮立つやつをパンにからめとっては口に運ぶと、腹の底から生きる力が沸いてくる。厳格なる自然食主義者の私も、この魅力には抗し難い。ベルンに五日滞在したときは、五日連続でフォンデュを食った。最後の夜などは二人前のフォンデュを食べおわってまだ足りず、さらに二人前注文して、ついにはそれも平らげてしまった。それほど「力」のある料理なのだ、フォンデュというのは。

だから、そのフォンデュを、東京のとあるスーパーの片隅に発見したときの私の喜びをお察し願いたい。いやァ、おどろいたですねェ、あったんですよアナタ、フォンデュが。タイガー印とかいってニ人前九百円というインスタント・フォンデュを私は発見してしまったのである。早速買い求めて試験してみると、こいつはイケル！　スイスで食べるのと全く変わらない。「正月の料理はこれ」と、直ちに決定し、二十箱注文したら、嬉しいじゃありませんか、年末のせいか、九百円のフォンデュが七百四十円に値下げという、まるでボタ餅で、ほっぺたをなでられるような話なんだなァ。

もうひと品、いってみようか。

この間、菊正宗の工場からテレビ中継をするということがあり、そのとき、おみやげに大量の酒粕をいただいた。その酒粕を睨んでいるうちに、ふと、粕汁を作ってみたいという欲望がむらむらと沸き起こったのである。早速魚屋に電話して新巻きの頭を二つばかり取り寄せて調理にかかる。このとき、圧力鍋を使ったのが勝利の原因であった。私は玄米食者であるから当然圧力鍋を持っている。この圧力鍋で鮭の頭を三十分ほど煮て、粕汁へぶち込んだ。

ひと口食べてみて、女房が「アレッ」と言った。私も「オッ」と叫んだ。うまいのである。まさに「ほっぺたが落ちそう」という味なのである。カンヅメの鮭のごとく新巻きの頭が骨までグサグサになっている。グサグサの骨と、とろりとした脂っこい皮！ あとは「ウム」とか「エヘ」とか「オッホッホ」とか声にならぬ歓声をあげながら鍋一杯の粕汁を親子三人でむさぼるようにして平らげてしまった。

「オイ、新巻きの頭はいくらだった？」食べ終わった私がたずねる。女房が伝票をしらべる。なんと、新巻きの頭は勘定に入っていないのである。どうせ捨てるところなんだろうか、サービスなのである。タダなんです、こんなうまいものが。

私はいま日本中の新巻きの頭を募集したい気持ちになっている。

スーツケース

サリンジャーの「キャッチャー・イン・ザ・ライ」にこういう一節がある

「ボクが卵を食ってる時に 例のスーツケースを持った二人の尼さんが入ってきてカウンターのボクの隣りに腰かけたんだよね・連中はスーツ・ケースをどうしていいかわかんないらしいのでしょうがないからボクが手を貸してあげたんだけどそれがすごい安物のスーツケースなのよね．偽せ革でさ．まあ、そんなことはどうでもいいのかもしれないけど

ともかくボクはさ安物のスーツケース持ってる人っての耐えられないんだぜ こういういい方ひどいってのわかっていうんだけど オレ、ほんとに安物のスーツケース持ってる人っての ただ眺めるだけでほとんど憎んじゃうんだもんね」

以下学校時代のルームメートのスーツケースの話になり 結局彼はこういうふうに結んでいる

「つまりこういうこと．もしもきみのスーツケースが相手のよりうんといい場合、そういう相手とルームメートになるのはすごくむつかしいんだよね．特にさ相手がすごく頭がよくてセンス・オブ・ヒューマーがあったりすると こんな人がスーツケースのボロイのなんか気にするわけない、ときみは思うだろ？ 気にするんだぜ これが．すごく気にするんだから」

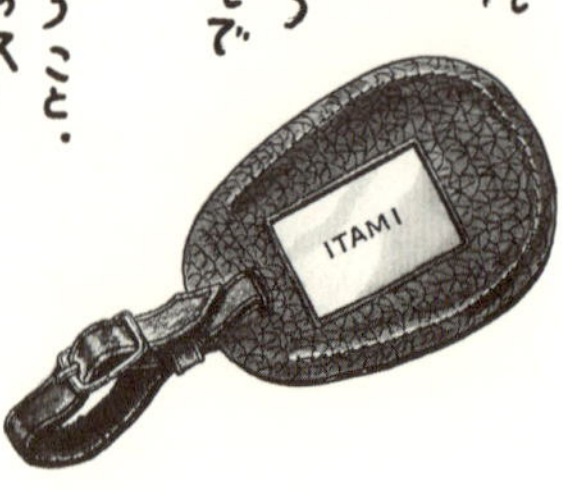

中年の男が持ち
物に凝ってるのって
なんかとても悲
惨じゃない？
時計はオーディマ・ピゲ
ライターはデュポン　タイ
はエルメス
それでいて傘が折りたた
み式だとか・スーツケース
がビニール製だとかいう
のはほんとにいやじゃない？
下の男は上から下まで
一万円くらいの身なり
だけど　こういう男を
外國のホテルじゃ下へ
もおかないんだって・
ホテルってのはスーツ
ケースで人を見るからね
下はルイヴィトン製で
これだけで二百万は下るまい

ブーツ

小学校のころ 靴の事情ってのはヒドかったなア。なにしろ戦争中で物のない時分だもんだから、たまに母親と町で靴を見かける ア！靴売ッテル！っていうんで買ってみると、革だと見えた底が実はボール紙で はいて一時間たたないうちに ズタズタになってしまった、なんてことが しょっちゅうあったもんネ

戦後だって中学三年の頃まではーーぼくは当時テニスをやってたんですが、ゴムの質が悪くて テニス・シューズなんていうのは一週間ともたないの、底にすぐ穴があいちゃって。マ、そんなふうだったんで、ぼくらはふだん たいがい下駄で過したもんです。

そして今ーー
今はどんな靴でも買えるんだけど 幼年期を下駄で過したぼくの足は恰好悪くて エレガントなイタリーの靴なんか まるっきりダメなの。しかたないから ぼくはブーツばっかりはいてるわけ。「イギリスじゃみんなブーツだもんネ これがホントのお洒落」などといいながら……

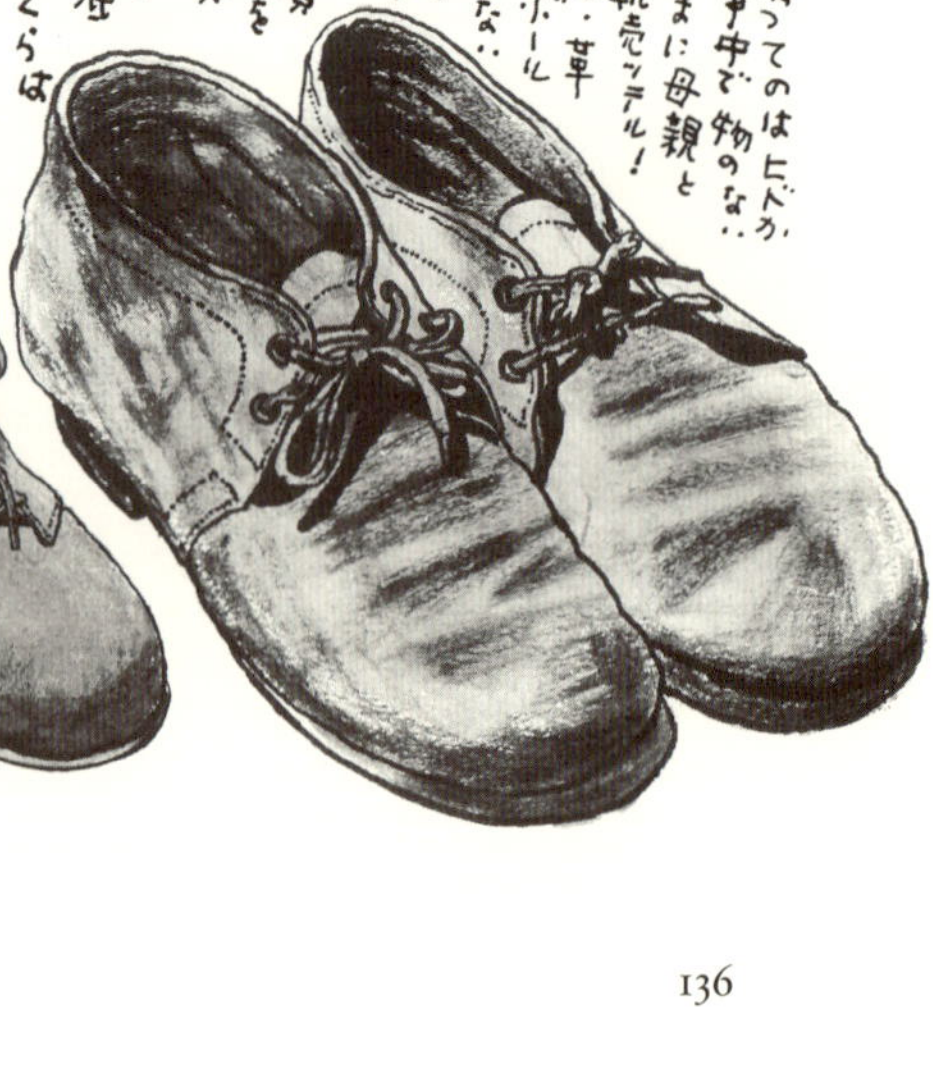

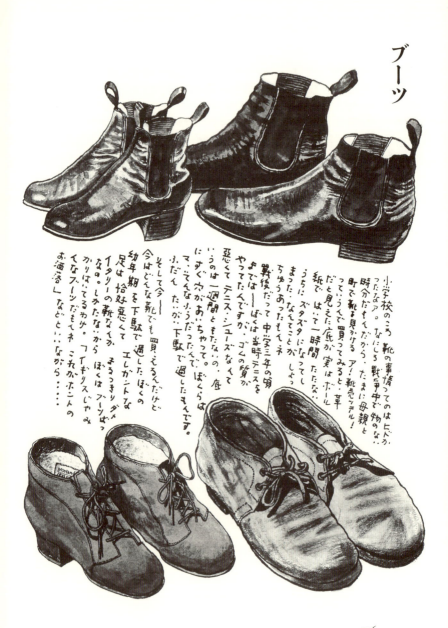

この巨大な靴こそ ほんとに
ぼくの足にふさわしい靴だ！
Bataという有名な靴
屋の製品・アフリカへ
行った時ナイロビの
猛獣狩り用品専門
の店で買った。
ロケーションでドロドロ
のところなんか行くのに絶
対の外国製地下タビ。
町ではいてもすごい迫
力があるかも。色はバ
ッタの緑色

隣のページ上の段は
青山の細野という靴
屋のブーツ。右はぼくの
左は女房の。（女房
の足は実にいい形なの
です）

下の段 右はハッシュパピイ
のブーツ。全然形がくずれな
いままで古びて行くところは
サスガです
左は又も女房のブーツ
イギリスのモーランドという革
皮製品専門の店の作品

五歳か六歳の子供のころ、女物の傘を持たされてお使いに出されたことがある。

この、女物の傘、というのが、どういうものかひどく恥ずかしかった。恥ずかしさのあまり、私は傘をたたんで、ぬれながら雨の中を走った。

私の記憶ではそれは夏のことである。透明な小粒の雨がたたきつけるように降っている。

そのうち私は染め物屋の前にさしかかった。染め物屋のガラス戸はあけ放たれていて、座敷のようなところに顔見知りのおばさんが二人座っているのが見えた。二人は空模様を見るように道のほうを向いて座っていた。

私は雨の中を走りながら、おばさんたちが私に気づかねばいいが、と思った。傘を持ちながらぬれている私を、おばさんたちは見咎めるのではないか。私は、傘を、おばさんたちに見えぬよう、体の陰にかばいながら走りぬけた。

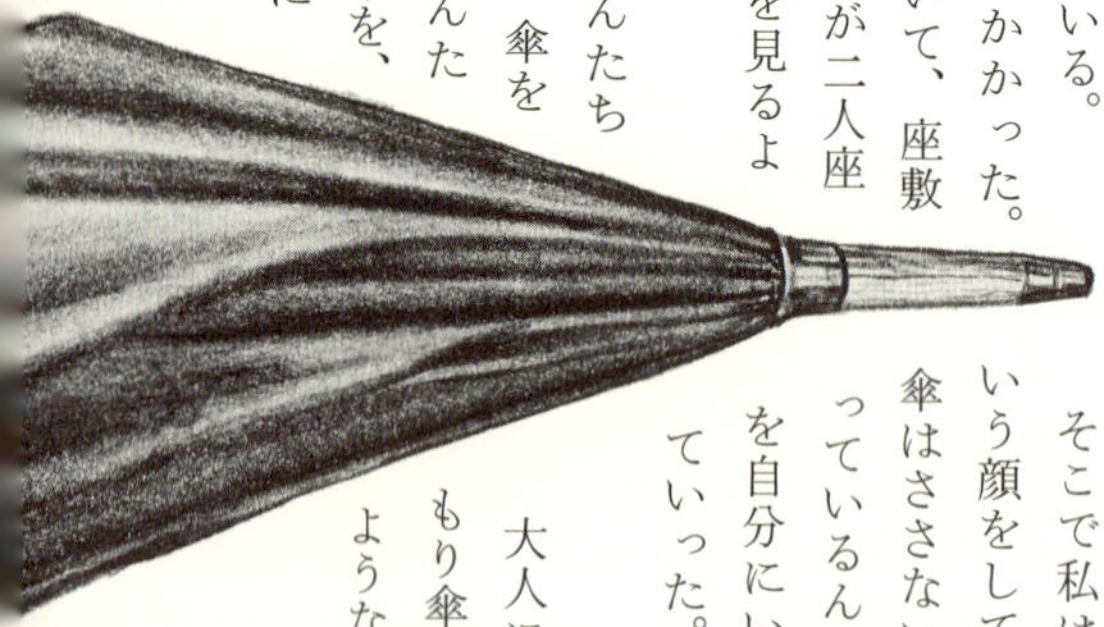

走りながらチラと見ると、おばさんたちはやっぱり私に気づいていた。おばさんたちの様子では、明らかに私が傘をかくしていることも、それが女物であることも気づいているに違いなかった。
そこで私は、母親を迎えにいくところだ、という顔をして走った。迎えにいくところだから傘はささない。相手が母親だから女物の傘を持っているんだ——そういう理屈にもならぬ理屈を自分にいい聞かせながら私は雨の中を走っていった。

大人になった私が、過度に男性的なこうもり傘を所有して快としているのは、右のような事情によるものと思われる。

傘

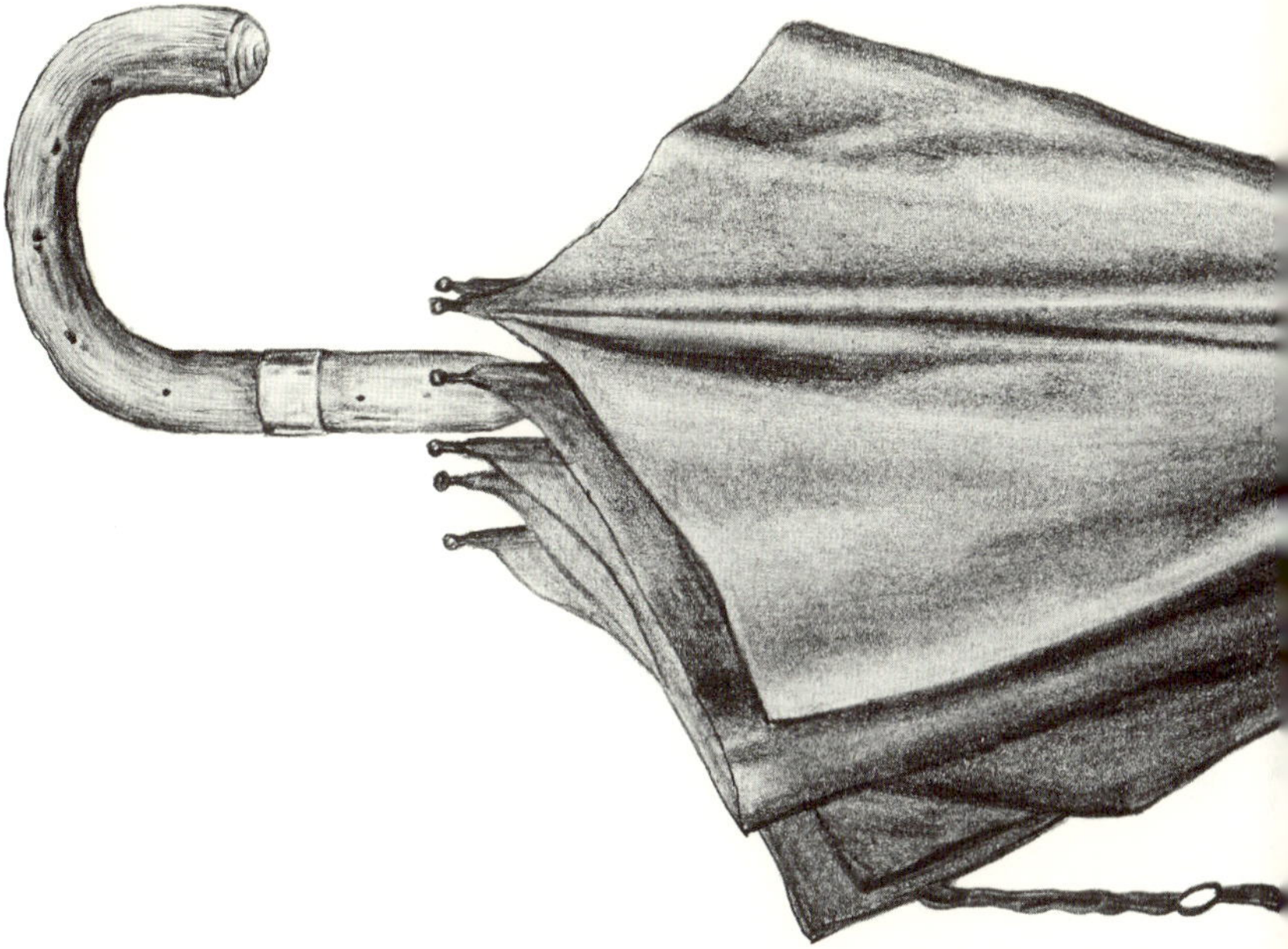

バッグ

男にハンドバッグがないのは不公平だと常常思っていたところ、世の中は、思いもかけず私にとって都合のよい方に変化して、突如ヒッピースタイルというものが出現し、男でも様様なバッグを持ってよい規則になったから、私は胸をときめかせてバッグを買いに出かけた。

　ここにスケッチしたのがそのバッグでありましてこれはアメリカ陸軍の野戦用のズックのバッグ、というか、袋、

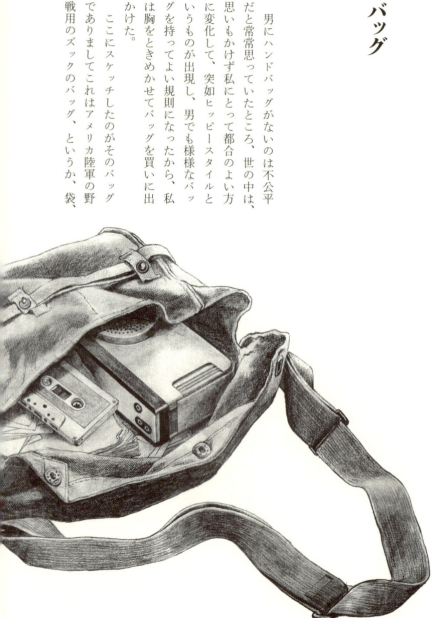

であります。飴屋横丁《アメヨコ》で五百円くらいだったかな、安い上に、これはまず絶対に壊れない。なにしろ、現にヴェトナムで使用している軍用品なんだからね、簡単に破れたり壊れたりするようじゃ使いものにならぬ。

　まあ、概して軍用品というものは、いろいろとよくできているもので、たとえばこのバッグも、袋を横切って細い布のベルトがついておりましょう？　あれはね、絵の左っ側の方を一旦外しましてね、それから、ベルトを右の方へ引き抜くんです。で、それをぐるりと腰のまわりにまわして元のところへ止めるんですね。

　するとどうなるか？　バッグが腰にぴったりくっつくから、走っても袋がぶらぶらせずぐあいがいいんです。まあ、それやこれやでなかなかよくできている。ふたをパチンパチンと止める金具なんかも壊れそうでいて決して壊れない。

　現在、私はこの袋をどこへ行くにも持ち歩いております。中身は、インタビューをすることが多いので小型のカセット・テープレコーダー、及び当然録音用のカセット、それに、音楽がはいって売っているカセットも持ち歩いています。

　あとは大型のメモ帳と、名刺が二百枚くらい。ただし、名刺は、なんにも印刷してない、真っ白の名刺です。これはメモに使うと驚異的に便利なのです。一枚に一項目だけメモした名刺で、袋の中はいつもごったがえしています。

　メモに紛れて、美人の電話番号などもちらほらはいっています。女房はそれをこっそり調べているらしい。私はちゃんと知っているのです。

ブルー・ジーン

私の友人、マイクル・チャウがロンドンからやってきたので、今月は彼にロンドンの情報を訊いてみようと思う。

私　帽子もジャケットもズボンもブルー・ジーンだが、現在流行《はや》ってるのかね、そういうのが

マイクル　イエス

私　それはどこのジーンズか？

マイクル　リーのジーンズである。手に入れるのが非常に難しい。普通の人間はリーヴァイを着る。ずいぶんさがしてやっと手に入れた

私　リーの何がそんなにいいのか？

マイクル　ブルー・ジーンを着てる人間を見た場合「あ、いいな」と思うと必ずリーの製品なのだ。私の考えでは、カッティングがいい。背中の形がいい。肩の形もいい。それからポケットがよく、ボタンもいい。結局全部いいわけだ

私　いくらだったか？

マイクル　新品で五千円だった。新品を買うと、たいがいの人は漂白剤で脱色して古びさせようとするが、あれはよくない。斑《まだら》になる。私の考えでは屋外に吊るして雨曝しにするのが一番よい

私　どのくらい吊るすのか？

マイクル　ひと月

私　やったのか、ほんとうに？

マイクル　（笑）まあね

私　妙な靴を履いているが――

マイクル　これはモス・ブラザーズで買った中古

品だ。多分クリケット用の靴だと思う。四十年くらい昔の物だ。モス・ブラザーズというのは有名な貸し衣裳屋だが、ある程度使った物を中古品として売ったりもする。あるいは、売りに出ている旧家の家財道具といったものの売買もやっている。そんな関係で、古い形の靴がいろいろ並んでいておもしろい

私　なぜこの白靴が気に入ったのかね？

マイクル　ブルー・ジーンに似合う靴は非常に少ない。私は白靴が似合うと思った。それに私は古い物が好きだから——

私　ブルー・ジーンは古いかね？

マイクル　イエス。七十年くらいの歴史がある。だから、こういう一九三〇年代のクリケット・シューズなどにもよくマッチするわけだが、理由はともあれ、私は形が美しいから買った

私　形が？　美しいかね？　ずいぶんくたびれてるようだが

マイクル　（笑）醜悪である。しかし、買った時は美しかったのだ

私　その腕時計はどうか？

マイクル　一九四五年のインガソルのミッキー・マウス時計だ。ニューヨークで三万六千円で買った。一種の骨董品なのだ。非常に貴重なものだ

私　もとは安かったのか？

マイクル　もとは千円くらいのものだったろう。ゴヤだってゴッホだってもともとは安かった（笑）

私　ロンドンの最近の状勢は？

マイクル　ある者はブルー・ジーンを着ているし、ある者はアーミー・スーツを着ている。また、ある者はローサースの物を着ている。ローサースというのは、例の、わざと下手に染めたような感じに、斑に染めてある青い木綿の服だが、ともかく

全体としてヒッピー風がしだいに根深く定着してきたように思う。二、三年前なら、その辺の銀行員が、首に珠数を巻いて、穢ない恰好をして、いわばインスタント・ヒッピーになることができた。今ではそうはいかないと思う。本物がより本物になってきたから、偽者はすぐ見破られる。要するに、個人であること。その人がその人自身であること。それが表現されてるような服装であらねばならぬということだ

私　日本のファッションはどうか？

マイクル　この一年ですいぶん変わった。ヒッピー風が身についてきた。私の感じでは男のほうが女よりヒッピー風を自分のものにしていると思う

私　女のどこが悪いのか？

マイクル　女のほうが、やはり伝統や世間体や虚栄心などにとらわれている。男ほどフリーではないようだ

私　それはなぜだろうか？

マイクル　男にとって、髪を長くするということは、はっきりとした自由宣言になりうるが、女の場合はそうはならない。女が髪を伸ばしても、それはあたりまえでしかない。その辺が原因ではないかと思うのだが――

張り子の犬

冠婚葬祭というものは難しい。

以前、友人の村島健一さんのお父様が亡くなった時も、私はお座なりに、百合の花とお香奠だけを持って告別式に出かけ、つくづく自分の駄目さ加減を思い知らされた。

他の友人たちは優しい人たちばかりだったから、なにがなし心暖まるような、真心通う品品をそれぞれに持参したらしい。

たとえば山口瞳さんは、大量の百円玉十円玉と、大きな魔法壜入りのコーヒーを差し入れした。葬式というものは、なにかと細かい金がいるものである。だから小銭。それから、みんなお通夜で疲れているに違いない、コーヒーを飲んですっきりしたいに違いない、しかし、お葬式の日にコーヒーが飲みたいとは、ちょっと云い出しかねているだろう、それに台所に人手も足りるまい、と、まあ、魔法壜のコーヒー一つにもこのくらいの思いが籠められている。

別の友人イッチャンは、近所の洋品店の店員であるが、お店の配達用の単車に乗ってボール箱を届けてきた。開けてみたら中はスタミナ・ドリンクであったという。

また別の友人梶山季之さんは、とりあえず電話をかけてきて、金は大丈夫か、とこっそり訊ねた。

「五百万六百万というわけにはいかんが、百万や二百万なら今日中になんとかするで……」

みんなそれぞれの器量で全力投球している。百合の花なんていう無責任なのは私一人であった。

そのあと何年か経って、今度は山口瞳さんのお父様が亡くなった。

破天荒な賑やかなお通夜であった。庭に向かって作られた、張り出し舞台のようなところで大勢で深夜の酒盛りをした。お寿司の屋台なんぞも出ていた。若い衆が威勢よく寿司を握っていた。その若い衆の顔に見覚えがあった。小笹ずしの若い衆であった。あとで聞くと、案の定、これを連れてきたのは友人の矢口純さんであった。

村島健一さんは交通関係を取りしきった。近所の空き地の持ち主に掛け合って、参列の人人の駐車場を確保し、電車で来る人人を駅まで送るためのハイヤーを十数台、二十四時間借り切って提供した。

そうして私は——

というと、実をいえばこの時も、遂に思いつかぬまま、お香奠だけを持ってお通夜にうかがうことになってしまった。

前のことがあるから、今度こそは何か好い知恵を出さねばと思い、ああでもない、こうでもないと考えるのだが、どうも、何を持って行っても見すかされそうな気がして、何も思いつかぬ。

今考えてみれば当たり前の話だ。今度こそみんなに遅れをとるまい、恥をかくまい、俺だって真心じゃひけをとらぬぞ、などという発想自体、自分の立場の確保に関わるのみで、相手の立場を思いやる心とは無縁のものであろう。これでは、友人も、友人の不幸も、単に「心優しい自分」というものを演じてみせる舞台に過ぎなくなってしまう。

さて、最後になったが、この張り子の犬は、この頁のレイアウトをやっている間篠秀行さんからいただいた。以下、張り子の犬に添えられていた、間篠さんの心優しい手紙。

伊丹十三様
宮本信子様

その後いかがお過ごしですか？

僕のところは予定日よりも十日早く、十二月一日に二番めの息子が生まれました。たまたま女房の誕生日と重なりました。

長男は一也というのですが、二番めですので、二郎と名づけました。あとで女房の話によると、病院にいる犬はタローという名だったそうです。さか子だったのですが無事安産でした。

妹から縁起物の張り子の犬をもらってあったのですが、そのせいかもしれません。

安産と子育ての縁起物ですので、妹にたのんで買ってきてもらいましたのでお送りします。「案ずるより生むがやすし」とか、無事に赤ちゃんが生まれますよう祈っています。

手袋

この手袋は、西独逸製のスキー手袋の、右の片一方である。左手はスキー場のリフトから落っことしてしまった。

アルヴィン・トフラーという学者によれば、われわれが幼年時代以来、この世から学ぶ最も大切なことの一つは「持続の予見」であるという。「持続の予見」とは何かというと、ある物事が持続するのに「大体これはこのくらいの時間がかかるだろう」という、その見当――とでもいおうか、昼や夜が持続する長さをはじめとして、食事の持続する長さ、学校の授業が持続する長さ、一日の勤務時間が持続する長さ、一人の女との恋が持続する長さ――要するに、この世でわれわれが遭遇するたいがいの事柄の持続する長さについてですね、われわれは、それが「大体このくらい持続するだろう」という、おおよその見当を、いつの間にか持っているわけで、だからこそ、われわれは「それがどのくらい持続するのか」という尺度を「まだ形成していない」事柄に出喰わすと、途端に心理的な混乱に陥ってしまい、その時間をひどく長く感じてしまう。たとえば、初めて、ある場所を訪ねるような場合「行きの道は果てしなく遠く感じられたが、帰りは、これが同じ道かと思うくらい呆気なく思われた」などというのはそれでありましょう。

ええと――なぜ、こんな話をするかというと、この手袋の片一方をなくした時、ちょうどその事を考えていたからなのです。

私はその時、故障して停まってしまったリフトに乗って、深い深い谷の上にぶら下がり、動かぬリフトの上では、なぜ時間がいつもよりゆっくりと過ぎるのか、という命題について考えていた。リフトが故障してから、まだせいぜい一時間ぐらいしか経っていなかったでしょうが、リフトの上の私には、それはほとんど小規模な永遠とでもいうべき苦痛であった。私の心の中の、いかなる「持続の予見」も役に立たなかった。一体あとどのくらいの時間、この吹きっさらしの空中に、逃れる術もなく放置されるのか、根拠のあるいかなる「持続の予見」もできはしなかった。

私が手袋を落っことしたのは、ポケットに残っていた三本の煙草の、最後の一本を取り出そうとして左手の手袋を脱いだ時であった。

アッ、と思った時、すでに手袋は空中に浮かんでいた。

谷底まで百メートル以上あったろうか。手袋はゆっくりと落下して、音もなく谷底の雪の上に横たわった。

雪の上には明るく日が射して、灌木の枯れ枝が紫の影を落としていた。手袋の近くを兎の足跡が横切って、遠い向こうの谷の方へ続いているのが見えた。

煙草を吸い終わらぬうちに、モーターの唸る音が聞えたかと思うとガタンとリフトが動き始めた。動いてみれば何のことはない、今までの、いつ果てるとも知れぬ苦痛など嘘のように消えて、時間はまた流れ始めていた。

私が、手袋の、残った片一方を捨てかねているのは、別に感傷的な理由からではない。ただこの手袋がひどく高かったからである。この手袋を買

ったのは、もう十五年も昔のことになろうか。確か一万五千円であった。当時の私の給料が三万円くらいだったから、私はいわば決死の覚悟でこの手袋を買ったのである。それほど私はこの手袋のデザインを気に入っていた。

それにしても、あれからもう十五年か！

考えてみれば、十五年前には時間はのろのろと、たゆたうように懶《ものう》く過ぎていたように思う。そのうち、やがて一年一年が次第に早く過ぎ始め、二十五歳を過ぎてからは、三年、五年が一と塊《かたま》りになって走り過ぎるようになってしまった。今に十年、二十年が一と塊り、という時期がくるのであろう。一体、人生を長く暮らす法はあるのか、ないのか？　停まったリフトの上ででも暮らしてみるか……

現在私はこの手袋を、熱湯を入れると、どうしても開かなくなる癖のある、古い魔法瓶の蓋を開けるのに使っている。それからまた、猫が頑固にくわえて放さない食べ物を取り上げる時にも使っている。

私と猫と魔法瓶と手袋の中では、猫が一番新しく、今年で九歳になった。

脱毛

髪が抜け始めてから、かれこれ二年になるだろうか。いやはや、それはもうすばらしい勢いで抜けた。一年の間、抜けに抜けて、遂に髪の量がもとの半分になったあたりで、なぜか脱毛がぴたりと停止し、現在では不気味に小康を保っているという状態である。

この小康が私の精進によって齎《もたら》されたか否かは定かでないが、ある程度は、私の努力が実ったような気がしないでもない。

精進といい努力という——然り、私は実に実に抜け毛を気にしましたよ。気にするあまり、持ち前の探求心もあって、斯道《しどう》の権威の話を手当たり次第取材してまわり、有益と思われるものは、次次に実行に移してみたのであります。今、一応の小康を得たところで、同じ悩みを持つ諸氏のために、またその奥方のために、中間報告を出しておこうと思う。

禿げる人の頭を具《つぶさ》に研究すると、頭蓋骨の形態に一定の傾向が見出されるようである。つまり、ある形の頭の人は、宿命的に禿げる運命を担《にな》っているものと考えられる。

頭の禿げる最大の原因はなにかというと、頭の皮膚が、頭蓋骨にぴたりと貼りつきすぎているのである。貼りつきすぎているから、頭の皮膚の中の毛細血管が圧迫される。圧迫されるから新陳代謝が悪くなって、これが脱毛の原因となるのである。（なお、付け加えるなら、最も強く頭蓋骨に貼りつくのは、部分でいえば、これは当然、一番重力がかかる頭のてっぺんでしょう。だから禿げる時にはまず頭のてっぺんから薄くなる、ということになる）

さて、では、なぜ、ある人の頭皮は頭蓋骨にぴったりと貼りつきすぎるのか。それは、多分、人間の成長が停まる過程において、頭蓋骨が頭皮に遅れをとる、という事と関係があるらしい。つまり、頭皮が成長をやめたあとで、まだ頭蓋骨が成長をやめぬ事があるらしいのですね。従って、当然の事ながら、頭皮がパンパンに突っ張ってしまう。

そうして、これはどういう形の頭に多いかというなら、まず、キューピー形の頭ですね。キューピー形というか橋の欄干の擬宝珠《ぎぼし》というか、あ、つまりラッキョウ形だ。これはまず宿命的に禿げる。次に前後に長い頭が禿げる。つまり外人のように恰好のいい頭ですね。これが禿げる。

どうも、そういう頭の形に該当する方には大変お耳ざわりかも知れぬが、結局これは天の摂理というか、つまり、禿げても大丈夫な人が禿げるらしい。禿げても、それが似つかわしいような、頭の形の立派な人、形のいい人が禿げる。多分、私の抜け毛が止まっているのは、私の頭の形が悪いからではないかと思うのです。

さて、以上の事から、私は一つの有力なる治療法を編み出した。いや、治療法なんていっても、禿げたものをもとへ戻すわけじゃない、多少の現状維持を狙ってみようというだけの話で、つまり、頭の皮が突っ張ってるから髪が抜けるのだとするなら、頭の皮を伸ばせばよいわけでしょう。そのためには髪を摑んでぐいぐいと引っ張ればよろしい。

ただし、引っ張るといっても乱暴にやったのでは、大事な髪を引き毟《むし》ってしまうから、慎重に髪を摑んで、静かに、かつ、力強く引っ張るのですな。これを暇さえあればやる。頭の皮を頭蓋骨から引っ剝《ぱが》すという呼吸で、毎日続行すると、次第に頭の皮膚の血の廻りもよくなって、たいがいの抜け毛は半月もすれば止まってしまう。

私の治療法というのは、あとにも先にもこれっきりのものですが、あと少し細かい事を付け加えるなら、毛髪に脂を切らさぬ事。そのためにはシャンプーはいけない。普通の良質の石鹼で髪を洗い、よく濯《ゆす》いだあと、ラノリンなどを含むヘア・クリームをつけておく。これが案外重要なんですねえ。あとはブラッシングをまめにやる事ぐらいかな。これは髪のためにも頭皮のためにも非常にいいらしい。参考までにいうなら、私は、フランス製の（なぜか三千円ぐらいする）ヘア・ブラッシを使っております。

では、諸君の御多毛を祈る。

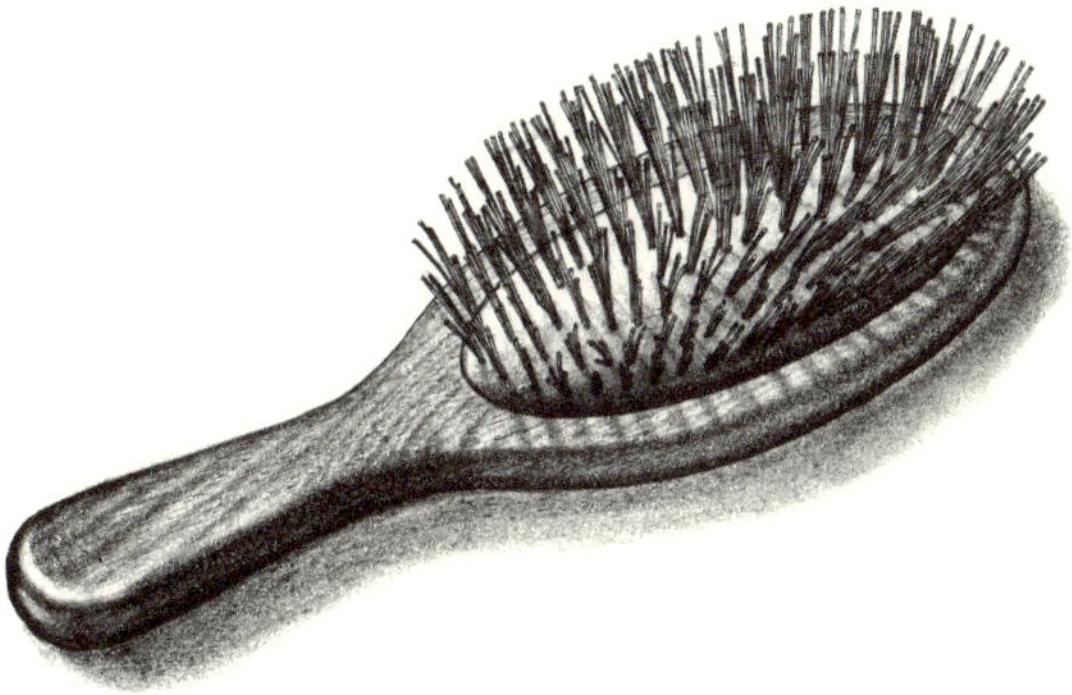

前前から急須の好いのが欲しくて、古道具屋の店先を通るたびに物色するのだが、なかなか巡り会わぬ。

そもそも、急須というものを、古道具屋で見かけること自体、非常に少ないのである。

多分、急須というものの性格から考えて、日常多用されるために、あらかた壊れてしまうのででもあろうか。それに、なんといっても煎茶の歴史というものが、抹茶に比べてごくごく短い。われわれ日本人は、もう何千年もお茶を飲み続けてきたような顔をしているが、煎茶が日本の一般大衆に普及したのは、永谷宗七郎という人が〝湯蒸しの法〟というものを発明して以来のことであるから、十八世紀も後半に属するのである。

つまり、煎茶の歴史などというものは、たかだか二百年にしかならぬ計算で、急須の歴史また然り。

急須は、そもそも中国の、酒を温める器具であったのが、日本に伝来して煎茶器に転用されるようになった。鹿児島へ行くと、黒ジョカといって、焼酎を温めるための、急須状のものがあるが、つまり、本来はああいった性格のものであったと思われる。

ところで、それにしてもわれわれ日本人はなぜ、かくも茶を飲むのか。

この事は明治時代に来日した外国人たちにとって大いなる不思議であったらしく、たとえばモースはそれをこんなふうに説明している。

急須

つまり、日本においては、米や野菜を作るにあたって人糞を肥料にする。この人糞は田や畑から川や地下水に浸入して、それを汚染する。

したがって、日本においては、なま水を飲んで病気になる危険が、欧米諸国よりもはるかに多いから、それを何世紀もの経験によって知っている日本人は、水を、できる限り煮沸してから用いるようになった。茶というのも、その工夫の一つである、というのである。

いかにも外国人らしい突飛な着想であるが、案外的を射ているのかも知れぬ。

絵は、私が現在使用している黄銅製の急須である。金属であるから壊れずに残ったものであろう。江戸時代も後期のものらしい。多分ペルリが来たころのものだろう、と、私はかってに決めこんで、朝な夕な、この急須で茶をいれては飲んでいる。

丼めし

辻留さんのお書きになった料理を、私は随分と片っ端から作ってみましたが、一番好評だったのが〝満足飯〟というのです。これは、料理というより、もう少し原始的な段階の魚の食べ方なので、これが一番好評だったなどというと、辻留さんは不本意に思われるかも知れぬが、ともかく旨い。

作り方は『御飯の手習』（辻嘉一著・婦人画報社刊）に出ていますから正式の作り方はそれを見ていただくとして、今、ここでは私流に変形した我流の作り方を述べましょう。

まず、生きのいい白身の魚を、思い切って大量、角切りに作る。大きさは、小指くらいの大きさでいいでしょう。これを、醤油と味醂と黒胡麻の漬け汁に漬ける。黒胡麻は、勿論、炒りたてを粗ずりしていいれるわけです。

この漬け汁を丼鉢に入れ、その中へ魚の角切りを漬け込み、三十分ばかり経ったところで、卵の黄身を四つ五つポカポカとぶちこんで食卓に上せ、上せるが早いか、この鉢の中身をかきまぜて、炊きたての御飯にまぶしては食べ、まぶしては食べ、その豪快なる満足感は他に類を見ないのであります。これが満足飯。

実は、今日はもう一つ、新発見を用意したのです。

これは、残念ながら私の発明じゃない。私の師匠の発明であります。私の「子供を育てる上での師匠」の発明であります。師匠は、鹿児島を本拠地に、世界をとびまわっているお爺さんでありま す。古木俊雄といって、世界中の人人を仲良くさせるのが彼の仕事であります。

さて、師匠の発明した料理を、仮に〝ハマチ丼〟と呼びましょうか。私はハマチ丼を、師匠の経営するユース・ホステルで御馳走になった。

客がテーブルにつきますと、まず、大いなる器にはいった大量のハマチの刺身がドンと中央に置かれる。ついで、葱、揉み海苔、山葵《わさび》などの薬味が並び、めいめいの茶碗に炊きたての御飯がよそわれる。

この御飯の上にハマチの刺身を並べると、客は順次立ち上がって、テーブルの一端に行列を作る。テーブルの端には大きな鍋の中に蜆《しじみ》汁がぐらぐらと煮え立っておりまして、師匠の奥さんが、みんなの茶碗の上に、蜆汁をすくってはかけてくれるのであります。

煮え立った蜆汁でありますから、ハマチの刺身がたちまち白っぽく色を変える。客は、急ぎ自分の席に帰って、薬味を思うさまふりかけると、この熱い熱いハマチ丼をふうふう吹きながらかき込むのでありました。

満足飯もハマチ丼も、その豪放さ、おおらかさがなんともいえず心地よいのでありますが、共通の欠点が一つだけある。

どんなに自制しても、御飯を食べ過ぎてしまうのであります。

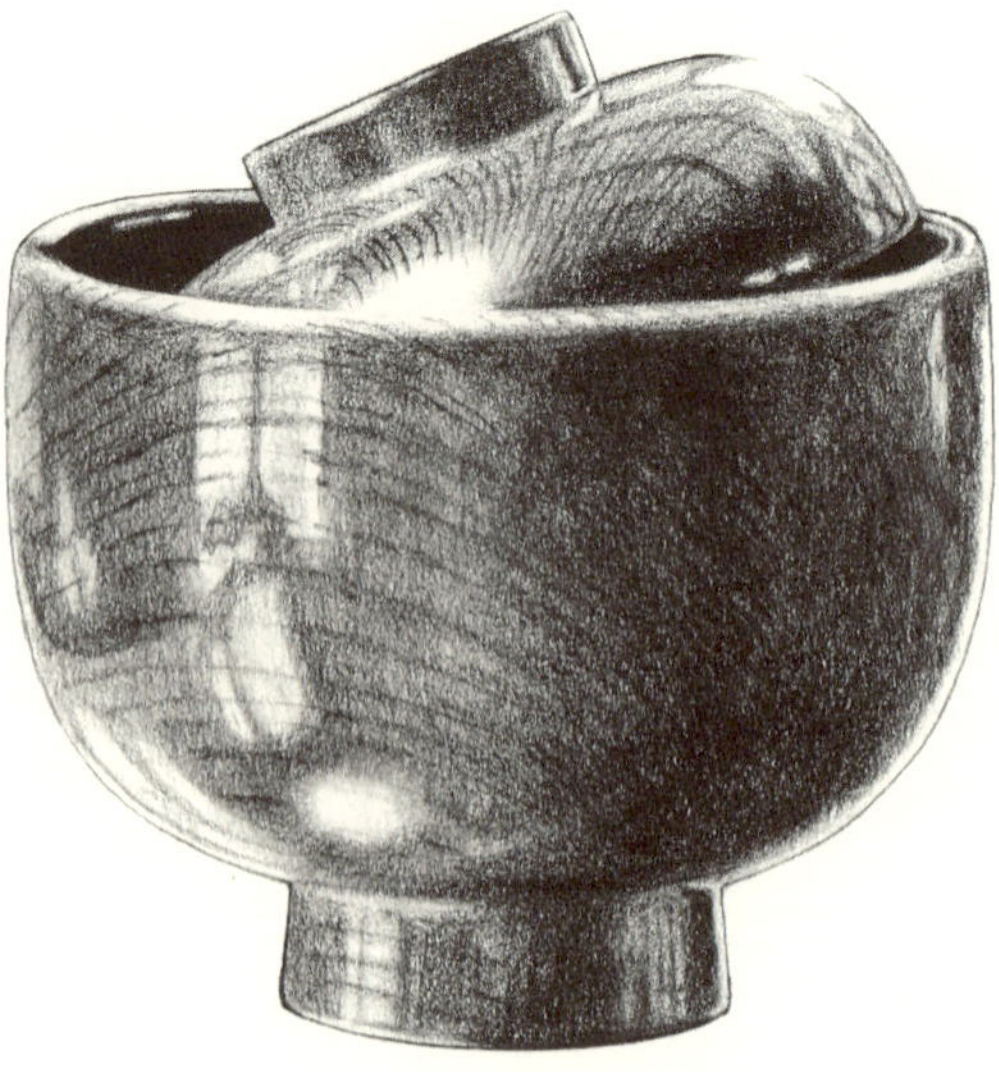

目張り

ある俳優の話をしよう。

彼は、どちらかといえば、巧みな俳優に属した。

筋を運ぶ上ではあまり重要ではないが、物語を生き生きと精彩あるものにするための、欠くべからざる役というものがあるわけで、彼は、この種の点景人物を得意とする俳優であった。

たとえば、甘い物に目のないギャングや、身の廻りの品物をすべて世界の一流品で揃えたマッサージ師や、年中鯨のことだけを夢みている小役人、といった奇妙な役どころを、彼は実に職人的に、丹精込めて演じるのであった。

そういうわけで、彼はまた忙しい俳優でもあった。この話が起きた時にも、彼は同時に二本の時代劇と三本の現代劇を平行してこなしている最中であった。

話というのは、彼の浮気である。

彼は好色な俳優であった。二本の時代劇と三本の現代劇の合い間を縫ってすら、浮気をせずにいられない。赤ん坊をあやすことが天才的にうまい殿様の役と、同僚の英語の教師とホモの関係にある漢文の教師の役とを綱わたりのようにこなしながら、僅かの暇を見つけて、束の間の逢いの瀬を持つ。その有様は、実に傍目にも天才的と思われた。

失敗の原因は、彼の凝り過ぎであった。

仕事が済んで、逢い引きをする。深夜家へ帰りつく。そんな時、彼は車を家の近くの人気ない小《こ》径《みち》に停め、車のグローブ・コンパートメントからメイク・アップの道具を取り出して化粧にとりかかる。

つまり、たった今、仕事を終え、化粧を落とすのももどかしく帰宅した、という演出なのである。

その日も、彼は、夜中に、いつもの小径で車を停めて、メイク・アップにとりかかった。ドーランを塗る、眉をかく、目張りをいれる。男でも時代劇の場合は概して目張りをいれるのである。つまり、時代劇の場合は大きな鬘《かつら》をつける関係上、それに対抗するためにどうしても黒黒と目張りを入れてバランスを取る。

慣れきった手つきで、彼は仕事を進め、五分後には、白塗りの、たった今まで殿様を演じてきたとしか思えぬ、やや疲労した俳優の顔ができ上がった。

準備完了！

彼は勢いよく車を走らせ、家の前で急ブレーキをかけて駐車すると、ことさら力強くドアを閉め、ガラリと戸を開けて、足音高く奥さんの坐っている居間へはいり、乱暴に上衣を脱ぎ捨てながら、大きな声でいった。

「いやァ、疲れた、疲れた。七時に終わるっていうのが十一時半だもんねェ、いやァ、どうにも、こうにも、もう駄目だよ、俺は。いやァ、疲れた、齢なんだなァ、ハハハハ、いやァ、まいった、まいった」

磊落《らいらく》に笑いながら、ふと奥さんの顔を見ると奥さんの顔が笑っていない。悪い予感に、一瞬冷や水を浴びたような気持になった途端、奥さんが、彼の目を真っ直ぐに見て静かにいった。

「あなた。今日はお仕事、確か現代劇でしたわネ」

さて、絵に描いた奇妙なものは、私が〝インド目張り〟と称しているものである。これは真鍮の小さな壺であって、壺の中には黒い粉末がはいっているが、これは真珠の粉であるらしい。透かし彫りになっている部分は、ねじになっていて、その先端はマッチ棒ほどの丸い金属棒になって壺の中に収まっている。つまり、ねじを外して引き抜くと、丸い金属棒の部分に黒い真珠の粉がついて出てくる仕組みなのである。

この丸い棒を、上下の瞼で、いわば、くわえておいて横に引き抜く。と、真珠の黒い粉が瞼の裏側の、つまり、アカンベエの部分に付着して、外に目張りを入れなくとも、くっきりと美しい目ができあがる。嘘だと思ったら片目だけにインド目張りを入れて五分後に鏡を見てごらん。入れたほうの目の、まつ毛長く、黒く潤んだ風情に引きかえ、入れなかったほうの目の、白っ茶けて、腫れぼったく、小さいこと……

まるで魔法のような、このインド目張りは、インドの物産を商う店で、三千円くらいで売っているはずである。

悪戯

中学校の時、ひどく悪戯《いたずら》好きの同級生がいた。彼は実にこまめに、様様な悪戯を、次から次へと案出して実行に移したが、今思い出しても悪質と思われるのが二つある。

一つは、夏、皆が朝礼をやっている時、ひそかに屋上に上り、風向きを見計らって、大量の染め粉をばらまくのである。

これが風に乗って、朝礼をやっている先生や生徒たちの白いシャツに付着する。微細な粉のことであるから、その時は見えはせぬが、家へ帰って、洗濯をしようと水に浸けたとたん、シャツが青く染まる、という寸法であった。

今一つは、鉛筆入りの消しゴムである。

彼の消しゴムには、鉛筆の芯が何箇所か刺さっていた。つまり、鉛筆の芯を消しゴムに突きたてて、そのままペチンと折った状態になっているのである。

だから、うっかりこれを借りて使おうものなら大変なことになる。消しゴムと見えたのが、実は鉛筆なんだからたまらない、勢いよく消しゴムを使ったとたん、グルグルグルッと鉛筆のあとが、力一杯、黒黒と紙の上に出現することになってしまう。

私は染め粉のほうは引っかからなかったが、消しゴムのほうは見事に引っかかった。この種の悪戯は、その完成に、自分が半ば手を貸しているところが実に腹立たしいのである。二十年以上経った今でも、まだ癪に障っている。

さて、先日私は、あるレストランのボックスに独り坐っていて、隣のボックスで行なわれていた悪だくみを、聞くともなしに聞いてしまった。話していたのは当世風の若い女二人である。

「あのサ、ガム・テープとビニール・テープとどっちが効くかしらネ？」

「どっちがったって、そりゃ、使い道によるわよ」

「たとえばサ、毛なんか生えてるとこに貼ったら、はがすのはどっちが大変かしら？」

「エ？　そりゃ——そりゃガム・テープだと思うけど、でも、どうして？　すごいこと考えてる風じゃない？」

「そうなのよ。絶対許せない女が一人いるのよネ。で、その女を一番恥ずかしい目にあわしちゃおうっていうことになったのよ」

「それで、ガム・テープ貼ろうっていうわけ？」

「そう」

「貼るってったって——どこへ？」

「どこって決まってるじゃないよ」

「決まってるったって、そんなとこへどうやって貼るのよ。みんなで脱がしちゃうわけ？」

「ちがうわよ。そんなことしたら、だれがやったか判っちゃうじゃないの。そうじゃなくてサ、彼女の知らない、誰か好い男にサ、因果を含めて彼女に近づいてもらうのヨ」

「で——そういうことになって、そのあと貼るわけ？　そりゃないわよ、そりゃないと思うなア、男は絶対そんなことしないわヨ、そんなことできるわけないじゃないの」

「できないかしら……」

「無理ヨ無理ヨ。それよかサ、こういうのどう？あのネ、下痢止めの強力なのをオマンジュウに入れてネ、それをその女に食べさすわけ」

「――と、どうなるの?」

「強力な下痢止めだからサ、普通の状態で使えばすごい便秘になるわけじゃない」

「そんで?」

「で、何日か経ったころサ、その女を誘ってみんなでどっかへ遊びに行くのよ。そんでサ、もう、見渡すかぎりなんにもないような原っぱみたいなとこで、お弁当食べるのよネ」

「へえ――すると、どうなるの?」

「その時サ、今度は強烈な下剤入りのコーヒーかなんかすすめてサ、あとは成行きを見てればいいじゃない?」

「ア、それはすごいわョ」

「すごいのョ」

「ウワア、あたし興奮してきちゃった」

「絶対よ。で、誰なのその女?」

「実はネ……」


私は、あとは聞く勇気なく席を立った。

ところで、あなた――便秘はしてらっしゃらないでしょうね?

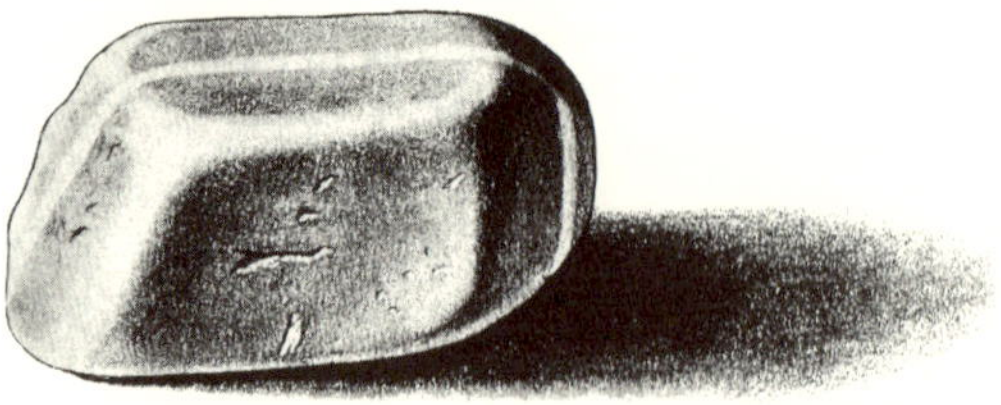

鰯

これ、なんだか判んないでしょう？　これはね、鰯《いわし》を三枚におろす機械なんです。この機械を、私は、広島の「ナンマンヤ」のお婆さんから貰ったんです。

広島の人人はね、鰯のことを「ナンマンエー」とか「ナンマンショー」とかいうんですね。で、鰯を売るお婆さんは「ナンマンヤ」なんです。

つまり、「ナンマンヤ」のお婆さんは、多分、「ナンマンエー」「ナンマンショー」って、売り声をあげて鰯を売りにくるんでしょうね。「ナンマンエー」っていうのは、つまり「生まだよ」ってことなんでしょう。

で、まあ、このあいだ広島の繁華街歩いてたら、そういうお婆さんがいたわけよ。ね？　で、ちょっと覗いてみたら、実に大した鰯なんですよ、もう活きがよくてね。

で、私はそれを見た途端、急に鰯の刺し身が食いたくなってね、ふらふらっとこう並んじゃったわけ。ね？

で、こう、並んでたらさ、段段順番がきて、私の前のお客が二百円ばかり買ったわけよ。鰯をね？　で、

「おばさん、これ刺し身にしてくれや」

とかいってるわけ。するとそのお婆さんがさ、「まあ、めんどくさいことといい出して、あんたが」とか憎まれ口叩きながら、例の機械で鰯を三枚におろしてくれるわけよ。

ね？　で、見てるとさ、こらあ、気持ちのいい

ほど簡単にスィスィいくわけですよ。で、私は、絶対自分でやってみたいなと思ったわけ。で、私の順番になったからね、

「おばさん、わしには丸太でくれや」

ってていったわけよ。丸太ってのは丸ごとのことね。

「どうするんか？」

「どうするんかて、刺し身にするんよ」

「あんたできるんか？」

「それ貸してくれや。あした返す」

ってていったわけね。

そしたらさ、お婆さんが、

「そんなもん、やる」

ってていうんだよ。

「ほいじゃが、それを持って帰って、できんけんいうて持って来ても絶対せんよ」

ってていうわけ。で、まあ、一匹やってみいや、

っていうことになって、やってみたらね、やっぱりこの機械はなかなかよくできてるのね、なんていうことなく、すいっと刺し身にできちゃうわけ。で、

「あんたはうまい。なかなかできる」

なんてほめられちゃってね。で、まあ、ありがたく頂戴したわけよ。

で、まあ、宿へ帰って、台所借りて、鰯を全部三枚におろして、で、大きい硝子の器に氷のぶっかきを一杯いれてね、で、その上に今おろした銀色の鰯を山盛りに敷きつめてね、で、まあ、仲間と一緒に片っ端から、生薑《しょうが》醬油で競争みたいにして食っちゃった。こりゃあ、うまかったねえ……

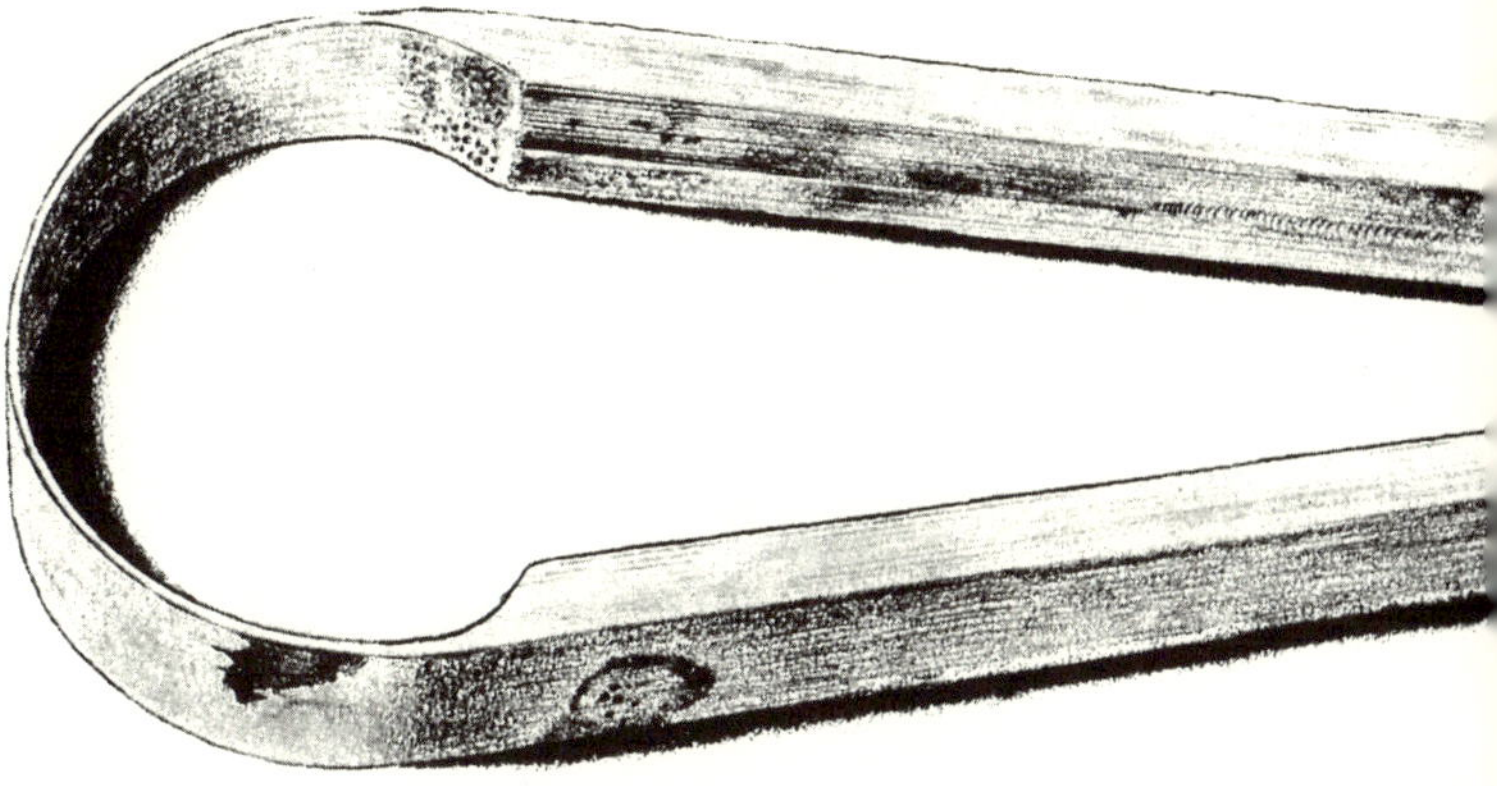

落花生

何年か前に中国で雀の退治があった。その方法というのが、実にわれわれの想像を絶する。即ち、村中の人間が総出で、手に手に鍋や金盥《かなだらい》やバケツなどを持ち、一斉に銅鑼《どら》のように打ち鳴らすのである。

そんなことで雀が獲れるかと思うが、これが獲れるから不思議だ。

轟音に驚いた雀は、天に舞い上がる。舞い上がったところで音を止めると、雀は暫く空を舞った後、また地上へ降りて来ようとする。そこをまたワッと囃《はや》す。雀は驚いて、また空の高みへ逃げる。また音をやめる。また雀が降りて来る、また囃す、ということを際限もなく繰り返すと、遂に雀は飛ぶ力を失って、次次に落ちてくるから、あとはそれを片っ端から拾い集めればよい、というのだ。

これは嘘のようだが本当の話である。

(但し、雀を根絶したために、生態系が壊れ、かえって、思いもかけぬ害虫が発生して、後年、中国は惨憺たる大飢饉に襲われた)


日本における伝統的な雀の獲り方もまた興味深いものがある。

日本式では、殻のついた落花生と、酒に浸けた米が必要である。この二つを、雀のよく来る場所に撒いておく。

やがて雀が来て、まず米を食べる。

米には酒が浸ましてあるから、雀は酔っぱらって寝てしまう。これを拾い集めれば、それでよい。じゃあ、殻つきの落花生は一体何のためであったのか？

酔った雀が、これを枕にして寝る、というのであって、勿論、これは、よくできた小咄《こばなし》である。


落花生が近頃不味《まず》くなったように思う。

要するに妙に加工するからいけない。塩や化学調味料で妙な味がつけてあったり、炒り方が悪くて、堅すぎたり、中が生だったり、あるいはまた、他の、もっと程度の悪い、何種類かのつまらぬ豆と混ぜあわせになっていたりで、どうも、なかなか会心の落花生にお目にかかれぬ。

私が今まで食べた落花生で一番おいしいと思ったのは、あれは確か前橋だったと思う。

汽車を待つ間、駅前のおでん屋にはいって、ひどくまずいおでんで酒を飲んだ。あんまりおでんがまずいので、何か他のものはないかと、壁には り出された品書きを眺めまわしていると、もう看板で何もできない、酒の肴がいるならこれでも食え、というので、何の愛嬌もない大女が、落花生の炒ったやつを一握り皿にいれてよこした。この落花生がうまかったのである。

どういうふうにうまかったか、といっても説明が難かしいが、要するに、あの辺は落花生の産地なのですね、そのへんの畑でいくらでも落花生を作っている。

普通われわれが食べる落花生は、極度に乾燥して、もう、あれは植物以外の、何物かに変質してしまっている感じでしょう。

前橋のやつは、そこのところが全然違っていた。いわば、落花生の味が生きていた。ああ、これは確かに植物の実を炒って食べてるんだな、という歯触りと香りがあった。

多分、フライパンかなんかで、なげやりに炒ったんだろう。あの、茶色っぽい薄皮が、ところどころ黒焦げになっていたりするのだが、それでもなんともいえずうまかった。

そうして――どうも妙なものですな――それ以来というもの、私は落花生の味にこだわるようになってしまった。

それまで、私は落花生を、別段うまいともまずいとも思わず、なんとなく惰性で食べていたのが、今、突然うまいまずいの尺度を知ってみると、普通われわれが食べている落花生の、なんと押しなべてまずいことか!

その後、私は一度だけ落花生をうまいと思ったことがあった。

この夏、沖縄のちょっと手前の、沖永良部《おきのえらぶ》という島へ行った。沖永良部では落花生を、炒らずに殻のまま塩茹でにして食べる。外の殻だけは剝くが、茶色の薄皮は食べてしまうのである。ちょっと渋味があって、これがなかなかよかった。

ああ、やっぱり、落花生というのは生きている植物の実だったんだな、というのを久しぶりに思い出しながら、私は、大きな皿に山盛りになった落花生を際限もなく剝いては食べた。

時時、茶色の薄皮の破れているやつがあって、中から落花生の実の真っ白い肌がのぞいていた。

白い実の表面には、お湯にはいり過ぎた指のように皺が寄っていた。

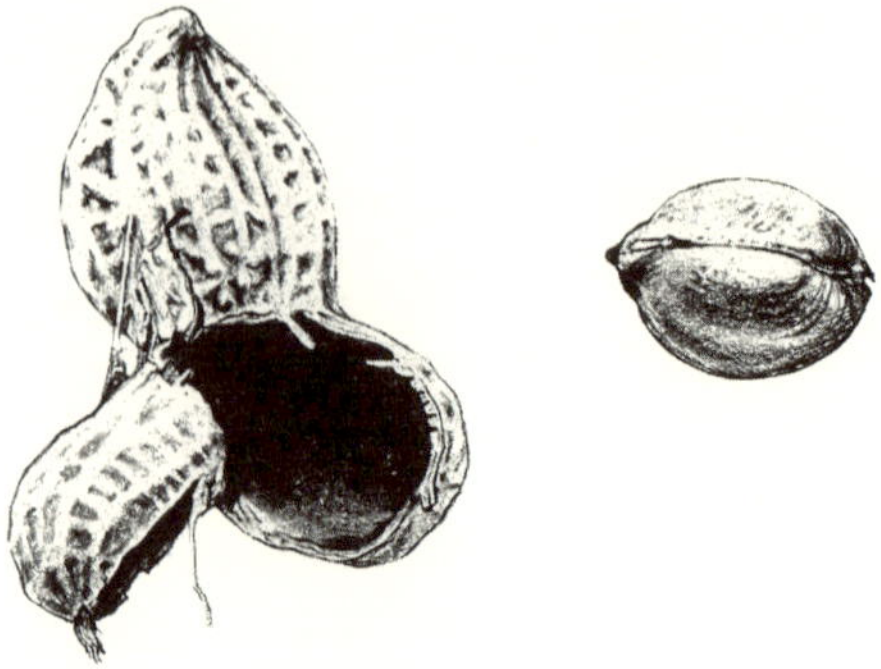

父と子

アーサー・ハリー・チャップマンという人の『腹に一物背に荷物』（本明寛訳　タイム・ライフ・ブックス）に、次のような一節がある。

父親はこんなお題目をとなえる。「子どもが幼いころは母親の手にまかせておけばよい。わたしとなにかできるくらい大きくなったら、わたしがひきうける」

父親は、息子が狩猟や魚釣に行ったり、フット・ボール・ゲームにくわわったり、自分と旅行するのにふさわしい年ごろになったら「ひきうける」のだと、ばく然と考えているのかもしれない。ところがこういう父親は、息子の幼年期、思春期を通じて一年また一年と、友だちになるときを延期するのがつねである。「いまにわたしがひきうける」は、息子に対する父親の拒否感情と冷淡さをカムフラージュするものだ。

このような父親は、息子が幼年期の後半か思春期になったころ、子供と接触する二、三の試みを行う。そのとき彼は、自分と息子とのあいだにできてしまった溝があまりに深く、橋をかけるすべがないのに気づくだろう。息子を「ひきうける」覚悟をしたとき、「よろこんでひきうけられる」はずの息子は、しばしば、手をさしのべる父親に冷淡なのである。彼は父親の提案にそっぽを向く。おたがいの関心があまりにもかけ離れていて、彼らは同盟をむすぶことができないのだ。父親は、少年に近づこうとして失敗したことを、「まだその時期が来ていないのだ」といって片づけてしまう。くりかえし約束してきた「ひきうける」は、もう一、二年延期されることになる。結局「いまにわたしがひきうける」は、「けっしてひきうけない」に変ってしまうのだ。

こうなってはかなわないから、私は、できるだけ、おしめも替えるし、離乳食もやるし、子供を散歩にも連れてゆくし、育児書なんぞにも目を通す。出遅れてはいけない。育児というものは、参加することに意義がある。

さて、引用したチャップマンの嘆きに対しては素晴らしい処方箋がある。古木俊雄さんの『親が子に伝えるもの』(すばる書房刊)から、その一節を引用してみよう(実は、今月はこの本を紹介したくて筆をとった)。

ドイツを旅行しているときに出合ったことである。ある幼稚園の父母の会で、集ったお父さんやお母さんにアンケートが配られた。

一、善い行為と、してはならない行為
二、お父さん、お母さんの仕事の話
三、尊敬する人の物語

皆さんとお約束したことは「毎週土曜か日曜の夜、お子さんのベッドに十分だけ入って、物語をすること」でした。皆さんは先週の土曜か日曜の夜に、この三つの中でどの話をお子さんに聞かせましたか。○印をつけてください。

週に一度、十分間でも子供に話を聞かせることは大切なことである。毎日の生活の中では、親も子も、それぞれの忙しさにとりまぎれて、ゆっくり話をする暇はない。一週間に十分間だけでも、しんみりと親の声を子供に聞かせて物語をすることは、子供のために予想外の良い結果を生むことになる。これを実行しているドイツの親子を、私はその家庭生活の中で沢山見うけた。

ドイツの子供たちは、この、一週間に十分だけの機会を楽しみにしている。親がどんなに忙しくても、自分のためにゆっくりと話をしてくれる——子供にとって心から楽しいひとときなのである。

子供たちは、父親の話を完全に理解しないまでも、ひとつひとつ心の底におさめてゆく。父親の仕事への理解が、ここでできるのである。グチではない、楽しい父親の奮闘の物語は、子供の心を美しく明るくしてゆくものである。そして、父親を誇りに思う心が生まれてくる。親がどんなに地位の高い人であろうが、低い人であろうが、子供には一切関係はない。貧富の差もなく、身分の差もない。父や母のふところは、いつもどんなときも、子供にとっては温かい心の安息所なのである。

親の愛情はアンプルに入った即効薬ではない。長い時間の中で、静かに子供の心と肌にしみわたるものなのである。幼ない時からたゆまなく教えることなしに、大きくなってから慌ててもどうにもなりはしない。——

人生劇場　血笑篇

伊丹十三
(え) 和田誠

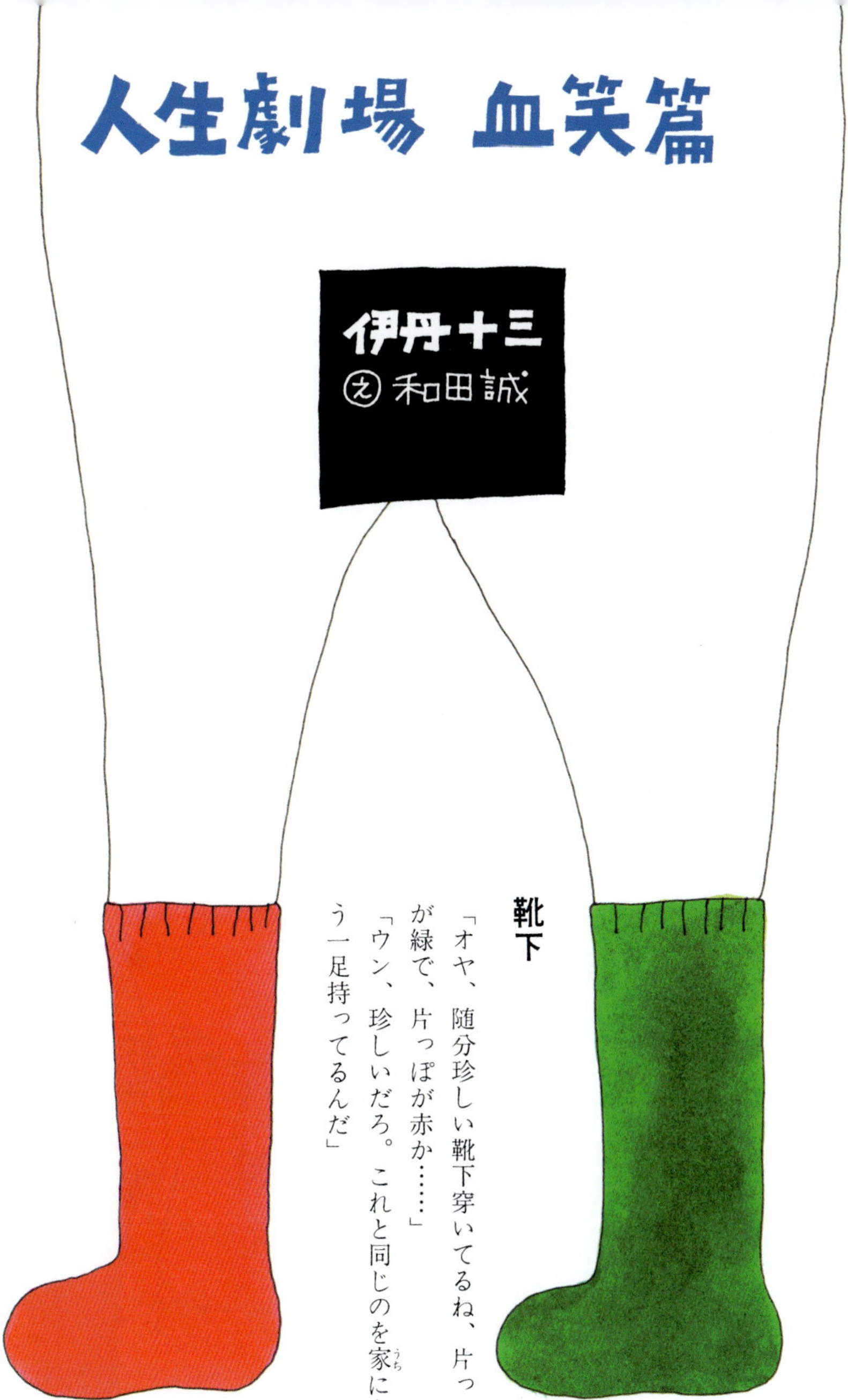

靴下

「オヤ、随分珍しい靴下穿いてるね、片っぽが緑で、片っぽが赤か……」

「ウン、珍しいだろ。これと同じのを家《うち》にもう一足持ってるんだ」

注文

「当店では、お客様の御注文により、いかなる御料理も調製致します。当店の調理人に作れない料理はございません」

こういう文句を、メニューの表紙に麗麗しく掲げて、それを売り物にしているレストランがあった。

ある日、一人の臍《へそ》曲りの客が来て、給仕長を呼びつけて言うには、

「君のところでは、どんな料理でもできるというが本当かね？」

「はい、どんな御料理でも御注文くださいませ」

「じゃあね、象の肉のステーキ・サンドイッチを一人前だ」

「ハア……」

「どうした、できないのかね？」

「いえいえ、とんでもございません。象の肉のステーキ・サンドイッチでございますね。ハイハイ、少少お待ちくださいませ、只今すぐお持ちいたします」

目を光らせて客が待っていると、給仕長が調理場から飛び出してきて、申しわけなさそうに云った、

「どうも、お客様、相済みません。只今、ちょうどパンを切らしちゃったもんで……」

修身

小学校の修身の時間である。ジョージ・ワシントンが桜の木を伐った逸話を話してから、先生がいった。

「サァ、皆さん、ジョージ・ワシントンのお父さんは、どうしてジョージ・ワシントンを叱らなかったのでしょう?」

一人の子供が手を挙げて答えた。

「ハイ、それは、ジョージ・ワシントンが、まだ斧《おの》を持っていたからです」

分配

三人の泥棒が、羊を二頭と牛を一頭盗んだ。どういうふうに分配しようかという話になった時、一人が事もなげにいった。

「それはなんでもない。君たち二人で羊を一頭取り給え。僕と牛とでもう一頭の羊を取るから」

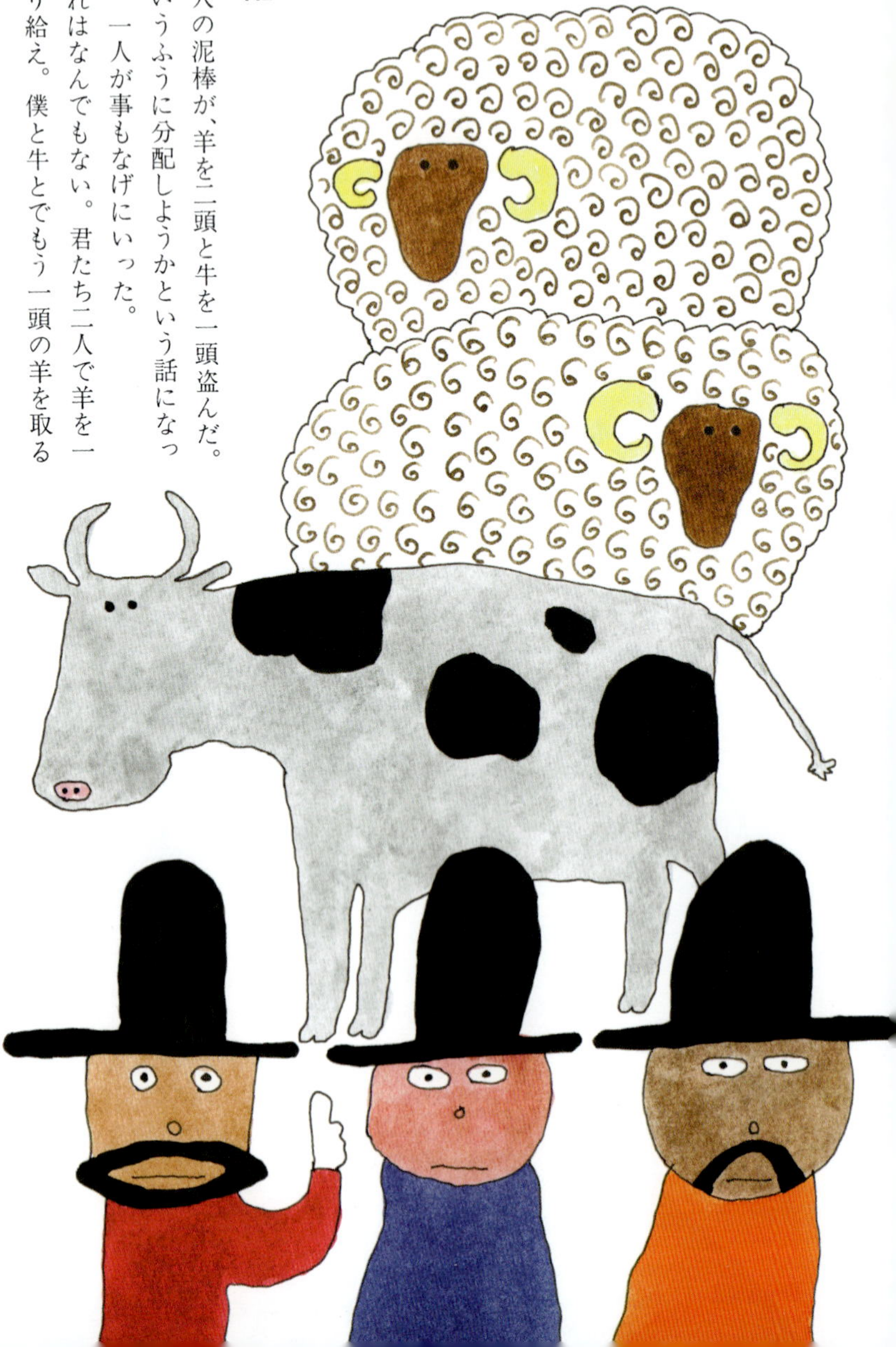

地獄

男が地獄へ落ちると、早速鬼が出てきて訊ねた。

「火の海と針の山と糞《くそ》の池とがあるが、お前はどれにするか？」

という。見れば、火の海では亡者たちが燃え熾《さか》る炎の中でのたうちまわり、針の山では足を血塗《まみ》れにして這いずっている。その苦しそうな有様は到底筆舌に尽し難い。

「そこへ行くと糞の池は、確かに穢らしくはあるが、それさえ我慢すればいいのだから、一番辛棒できるのではあるまいか」

そう考えて、男は糞の池にすることを鬼に申し出た。鬼は早速男を糞の池に連れて行って、はいれという。

男は一面の糞の中をそろりそろりと沖の方へ歩いて行った。

糞の池が、男の胸くらいの深さになった時、男は鬼が岸から怒鳴るのを聞いた。

「よおし、そこまで。ハイ、そこで逆立《さか》ちして！」

糞

道を歩いていると、前方に糞が落ちている。

男、それをしげしげと見て、

「どう見てもこれは糞だな」

臭《にお》いを嗅いでみて、

「臭いも間違いなく糞だし……」

指で突ついてみて、

「触った感じも糞だ」

その指を嘗めてみて、

「ウン、味も確かに糞だ。ああ、よかった、
もう少しで踏んずけるところだった」

雨戸

百姓、夜中に目を覚し、小用を足しに庭へ出ようとした。

折からの寒気で、相憎《あいにく》雨戸が凍りついて開かない。百姓、咄嗟の気転で、雨戸の敷居に小便をひっかけると、うまく氷が融《と》けたから、威勢よくガラリと雨戸を引き開けて庭へ飛び出したが、

「ハテ、俺は何をしに出てきたのか？」

ホトトギス

花魁が夜中に放屁したところ、隣りに寝ていた客がむくむくと起き出してきた。

「さては聞かれたか」

と、早速謝まろうとしたが、

「待てよ、謝ってもいいが、もし聞かれてなかったとすると、謝まったらとんだ恥をかく」

と思い、遠廻しに持ちかけてみた。

「もし。今のホトトギスを聞きしゃんしたかエ?」

すると、客、寝呆け眼《まなこ》にて
「そのホトトギスは、屁の後か先か」

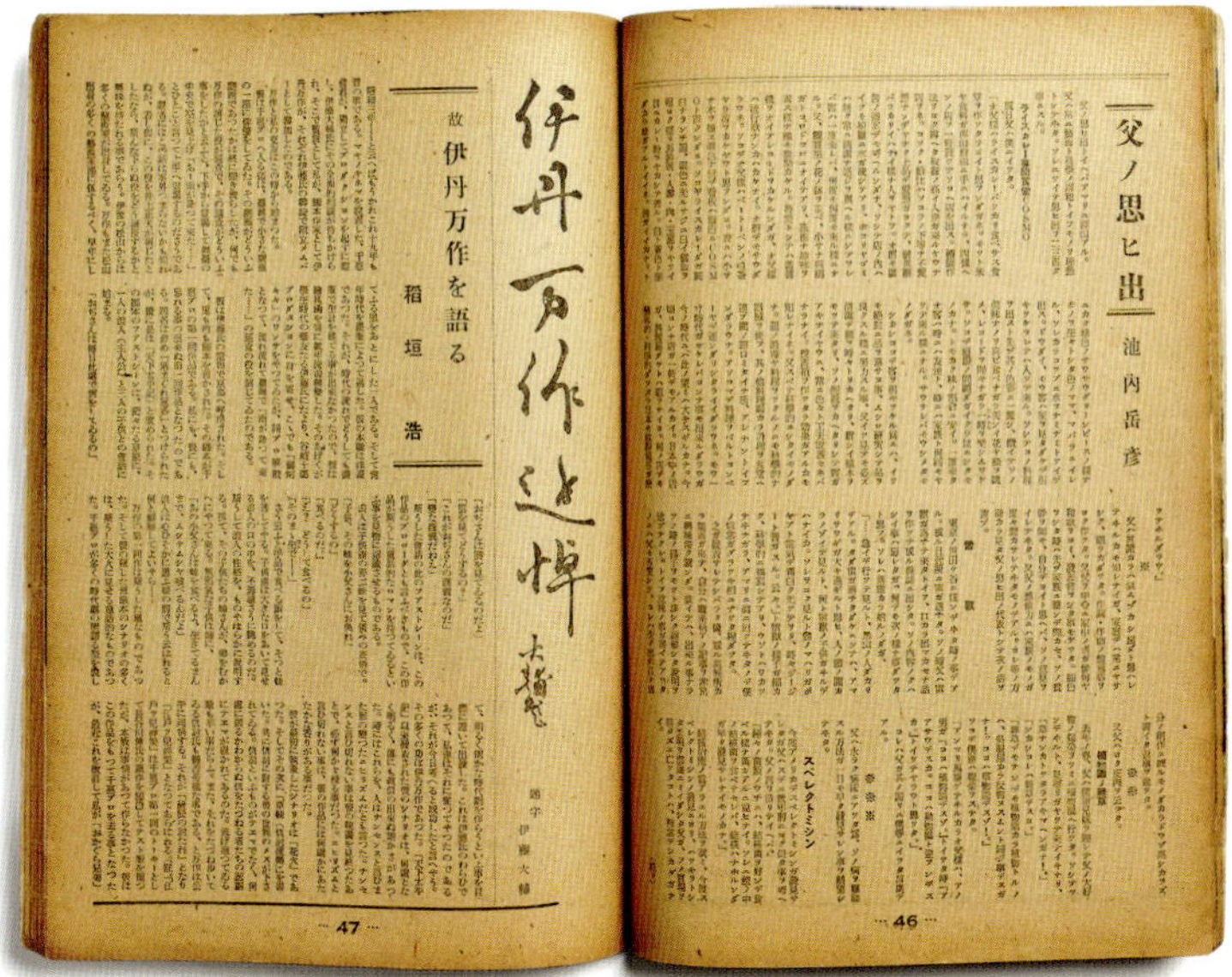

13歳、はじめてのエッセイ

父ノ思ヒ出

池内岳彦

父ノ思ヒ出トイヘバアマリニ澤山アル。

父ハ常ニ藝術ト科學ノ調和トイフモノヲ理想トシテヰタ。ソレニツイテ思ヒ出ヲ二三書ク事ニスル。

ライスカレー專門食堂COSMO

或日父ハ僕ニイッタ。

「オ父樣ハライスカレーバッカリ食ベサス食堂ヲ作ッタラヨイト思フンダガネ。モット米ヤ食料ガ澤山自由ニ手ニハイルナラ、四條ヘンノ店ヲ一軒買ッテソコヘ店ヲ出ス。禮儀作法ヲヨク辨ヘタ教養ノ高イ人達ガ來ルヤウナ店ヲネ。コック・給仕ハソコラノ下等ナ不愛想ナンヂヤナク上品デ愛想ガヨクテ、御世辭バッカリイハナイ樣ナ人ヲヤトフ。オ前モ廣告ノ圖案デモ考ヘルンダナ、ソシテ店ノ内ハイツモ綺麗ニ水ガ流シテアリ、ホコリヤゴミハ無ク常ニ清潔ナ感ジヲ與ヘル樣ニシテヲレバ客ハ一度來レバ、何度モ何度モ來ル樣ニナル。又、觀賞用ノ花ノ鉢ヲ並ベ、小サナ棕櫚ガトコロドコロニオイテアリ、高雅ナ趣味ヲ表ス樣ナ額モ數點カケル。音樂トシテハ蓄音機ヲオイテレコードヲカケルンダガ、オ父樣ハ流行歌ナンカハカケナイ。オ前デモサウダラウネ。ソコデオ父樣ハベートーベンノ61番ヤ9番ヲカケヤウト思フンダヨ。表ニハ小サナ木ヲ植ヱ眞白ナ壁デ看板ハ銀色ニCOSMOト書クンダヨ。ソコデライスカレーダガ純白ナランチ皿、銀色ニ光ルサジニ白イ御飯ヲ程ヨク盛リ馬鈴薯・人參・肉・玉葱ヲキツイ目ニカレー粉ヲキカシテ煮ル。白ト黄色ト赤ダカラ緑ガアルトイイネ。何ガイイカナ。トニカク緑色ノサウサウグリーンピースノ樣ナモノヲ生々トシタ色ノママ、マバラニイレル、ソレカラコップニ水ヲナミナミトツイデ出ス。ドウダイ、モウ客ハ家ヲ見タダケデ引キツケラレテハ入ッテ來ル。ソシテコノ料理ヲ出スト先ヅ其ノ色彩ニ一驚シ、續イテソノ美味ナノヲ喜ビ食ベナガラ美シイ花ヤ額ヲ眺メ、レコードヲ聞キナガラ一時《ヒトトキ》ヲ樂シムワケサ。ソコデ値段ノ問題ダガイクラ位ニシタモノカナ。トモカク味ノ割合ニ安イ。一度來タオ客ハ時ニハ友達ト、時ニハ家族ト何回モヤッテ來ル樣ニナル。サウナレバモウシメタモノダガネ。

シカシココデ客ヲ引キツケル爲ニハ、イツモ絶對ニ品ヲ落サヌ事、ムシロ研究シテ品ヲ良クスル樣ニ努力スル事、又イツ見テモ必ズ清潔デ額ヲ時々トリカヘタリ、新シイ植木ヲモッテ來タリ、ソノ配置ヲカヘタリシテ客ガアキナイヤウニ、常ニ色々ト工夫改善セネバナラナイ。投書箱ヲ作ッタラ効果ガアルカモ知レナイネ。又スベテ科學的ニシタイモノダナ。皿ノ消毒ヤ料理ヲツクルノニモ科學的ナ器械ヲ使フ、其ノ他料理場カラ料理ヲ食堂ヘ運ブ間ノ窓口ミタイナ所、アレナントイフンダラウナ。アソコマデ料理ヲベルトコンベーヤデ運ンダリシタライイダラウネ。モウ一寸時代ガヨケレバコンナ事モ出來ルダラウガ今ノ時代ニハ此ノ望ミハ大キスギルカナ。今頃コンナ店ガ一軒デモアルカイ。日本中ノ店ガ、料理屋ダケトハ限ラナイヨ。何ノ店デモ藝術的・科學的ダッタラ日本モ餘程値打ガ變ッテキルダラウ。」

※

父ハ世間カラハ氣ムヅカシ屋ダト思ハレテヰルカモ知レナイガ、家庭デハ常ニヤサシク、朗ラカダッタ。作詞・作曲ノ他童話ヲヨク作ッタ。又父ヲ中心ニ家中ノ者ガ俳句ヤ和歌ヲヨミ、發表會ヲシタ事モアッタ。脚色ヲシタ時ハ先ヅ家族ニ讀ンデ聞カセ、ソノ批評ヲ聞キ、自分デヨイト思ヘバ、ソノ意見ヲイレテヰタ。又父ノ想像力ニハ家族ノモノガ度々驚カサレテヰタモノデアル。コレ等ノ方面カラ見タ父ノ思ヒ出ノ代表トシテ次ノ話ヲ選ブ。

雷　獸

東京ノ世田ケ谷ニ住ンデヰタ時ノ事デアル。或ル日近所ニ雷ガ落チタ。ソノ時父ハ雷獸ガ落チテ來タトイフ、ロカラ出マカセナ話ヲ作ッテ或ル雜誌ニ出シタ。ソノ内容ノクハシイ事ハ忘レタガ、何デモ次ノ樣ナ事ダッタト思フ。ソレハ落雷カラ始ルノダガ、

「……急イデ行ッテ見ルト、黑山ノ人ダカリデアル。タダ雷ガ落チタダケニシテハ、アマリサワギガ大キ過ギルト思ヒ、人ノ頭ノ間カラノゾイテ見ルト、何ト雷獸ノ子供ガヰルデハナイカ。ソレヲヨク見ルト體ノマハリガボヤアト電氣デ青白ク光ッテヲリ、時々ジージート音ガスル。云々。」ト雷獸ノ樣子ガ細カク、科學的ニ描寫シテアリ、ウソトハワカッテヰナガラ、アマリニ眞ニ迫ッテヰタノデ僕ノ信念ガグラツキ相ニナッタ程ダッタ。

之ガ發表サレテシバラク後、或ル測候所カラ葉書ガ來テ、自分ハ職業柄アノ記事ヲ非常ニ興味深ク讀ンダ。就イテハ、出來ル事ナラソノ時ノ樣子ヲモット詳シク圖解シタ說明ヲ送ッテクレ。トイフ意味ノ事ガ書イテアッタノニハ父モ苦笑シテ、コレハ全ク出鱈目ナ自分ノ創作ニ成ルモノダカラドウゾ惡シカラズト書イタ返事ヲ送ッタ。

又父ハヨク皮肉ヲ云ッタ。

※※

植物園ノ雜草

去年ノ春、父ハ僕等兄妹ヲ連レテ父ノ大好物ノ嫁菜ヲツミニ植物園ヘ行ッタ。ソシテツンデヰルト、見廻リガヤッテ來テイキナリ、

「草ナンカトッタラアキマヘンガナ!。」

「シカシコレハ雜草デスヨ。」

「雜草デモナンデモ植物園カラ植物トルノハ、吳服屋カラ反物ヌスムント同ジ事デスガナ!。ココハ植物園デスゾ!。」

ソコデ僕達ハ嫁菜ヲステタ。

「アンマリ馬鹿ゲテヰルカラオ父樣ハ、アノ男ガ『ココハ植物園デスゾ。』トイッタ時『アアサウデスカ。ココハ動物園ト違フンデスカ。』トイッテヤラウト思ッタ。」

コレハ父ガ其ノ歸リニ僕等ニイッタ言葉デアル。

※※※

父ハ永ラク病床ニアッタ爲、ソノ病ヲ驅除スル方法ガ一日モ早ク發見サレン事ヲ熱望シテヰタ。

スペレクトミシン

今度アメリカデスペレクトミシンガ發見サレタガ父ハスデニ數年前ニヨク似タ事ヲ考ヘテヰタ。父ノ言ヲ借リテイヘバ、「種々ノ菌類ノウチニハ、結核菌ヲ好ンデ食ベル樣ナ菌ガアルニ違ヒナイ。ソレニ體ノ中ノ結核菌ヲ食ベサセレバ、結核ハナホルンダガ早ク發見サレナイモノカナ。」

結核治療ノ爲アラユル方法ヲ試ミ、今度スペレクトミシンノ發見ニヨリ、ハッキリトシタ光明ヲ前途ニミイダシタ父ガ、ソノ實現ヲ待タズニ亡ッタコトハ、殘念デシカタガナイ。

（終リ）

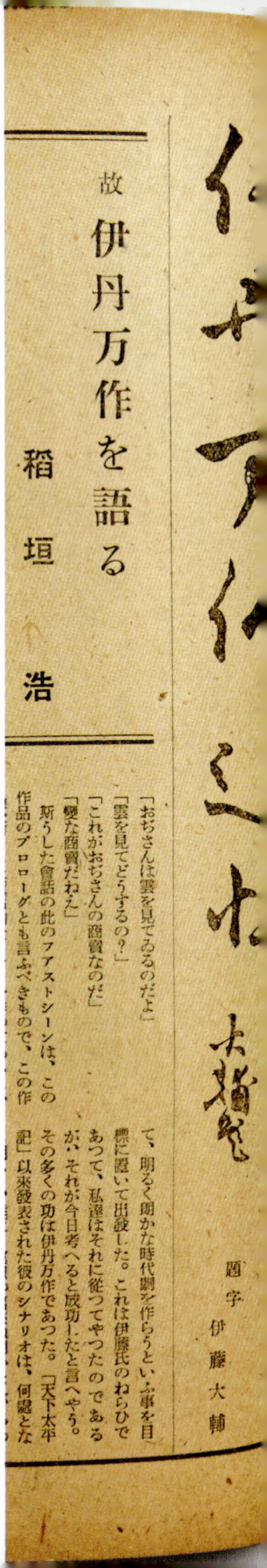

題字　伊藤大輔

故　伊丹万作を語る

稲垣　浩

「おぢさんは雲を見てゐるのだよ」

「雲を見てどうするの？」

「これがおぢさんの商賣なのだ」

「變な商賣だねえ」

斯うした會話の此のファストシーンは、この作品のプロローグとも言ふべきもので、この作

て、明るく朗かな時代劇を作らうといふ事を目標に置いて出發した。これは伊藤氏のねらひであつて、私達はそれに從つてやつたのであるが、それが今日考へると成功したと言へやう。その多くの功は伊丹万作であつた。「天下太平記」以來發表された彼のシナリオは、何處とな

［右］「映画藝術」一九四七年一月号に掲載された「父ノ思ヒ出」は、本名・池内義弘ではなく、親から日常的に呼ばれていた通称・池内岳彦で書いた。十三歳のときである。映画監督の父・伊丹万作は、前年の九月二十一日に、四十六歳で逝去した。

［次頁］伊丹十三の原稿は手書き。2Bくらいの鉛筆で書くことが多かった。原稿用紙は横長の四百字詰のものを裏にして、白地の上半分を使った。一行二十字、四十行で書いたから、原稿用紙のちょうど二枚分。下の余白は加筆用のスペースだった。

52小説新潮1月号

ノグチヒデヨ・オン・TV

伊丹十三（俳優・エッセイスト）

今、仕事が一つ終ったばかりで、まだ頭の中がそのことで一杯だもんだから、申し訳ないが、その話をするんだけど、あのさ、ノグチヒデヨって知ってる？ 昔、修身の本にのってましたよね。貧しい家に生まれて、赤んぼの時、囲炉に落ちて火傷をしてさ、でも、すごく勉強するんですよね。で、親には孝行で、友だちには親切で、先生を敬まってだね、苦学の末アメリカへ行って学者になって、黄熱病の病源体かなんか発見して、最後にはアフリカで黄熱病に仆れるト。世界的大学者であるト。日本の名誉を世界に輝かしたんであるト。その死が、賢きあたりに聞えると、勲章だか位だかを賜ったんであるト、まあ、われわれ、漠然とノグチをそんな具合に理解してますよね。

このノグチが、いまだに生き残ってるというのは御存知かな？ 今ね、少年少女向きの伝記叢書なんか出す時、ノグチ伝っていうの戦前戦中の伝記の英雄が全部脱落する中でね、われわれ、これをテレビのスペシャル番組に作ったわけですよ。今じゃテレビっていうのも随分変ってきてですね、割とちゃんといいたいことをきちんといって視聴率もまあまあ取れるという時代になってきたもんですからね、局の方でもちゃんとした時間帯をくれるし、大手のスポンサーもついてくれる。まあ、そんな具合に風潮が変ってきたもんでね、ノグチ伝っていうのが実現する運びになったわけだ。

でね、調べてみると、まあノグチっていうのは実に人間臭い男なのね。第一にこの人は借金の天才なんですね。まわり中の人間から金を借りて、しかもその借金を全部踏み倒しちゃう。一体何に使うのかっていうと、もちろん学資にも使うけれど、主たるものは女遊びなんです。友だちをひき連れて紅燈の巷におもむき、一夜にして蕩尽してしまう。なんとも無茶苦茶なんですが、それを許して金を貸してくれる人物を必ず身辺から見つけ

にもかかわらず、ノグチ一人生きのびることのできたのはなぜか、これはちょっと面白いんじゃないかっていうんでね、

愛用の文房具

消しゴムの正しい使い方をコマーシャルで実演するほどの「消しゴム通」だった。原稿のほか、イラストレーションにも鉛筆を使った。『再び女たちよ！』のカバー装画も原稿用紙の裏側の白地に濃い鉛筆で描いている。
［左頁］おそらく八〇年代に入ってから自らデザインした原稿用紙。下に余白を残している。手紙もこれで書くことがあった。猫のカットは『問いつめられたパパとママの本』で使ったもの。

MITSU-BISHI
uni
2B

次男・池内万平の誕生祝いに、
山口瞳から贈られた張り子の犬。
犬のお尻の余白いっぱいに、
「昭和五十一年一月十一日
為池内万平君
山口瞳
勇猛心」と筆書きされている。

ノグチヒデヨ・オン・TV

今、仕事が一つ終ったばかりで、まだ頭の中がそのことで一杯だもんだから、申し訳ないが、その話をするんだけど、あのオ、ノグチヒデヨって知ってる？　昔、修身の本にのってましたよね。貧しい家に生れて、赤んぼの時、囲炉裏《いろり》に落ちて火傷《やけど》をしてさ、でも、すごく勉強するんですよね。で、親には孝行で、友だちには親切で、先生を敬ってだね、苦学の末アメリカへ行って学者になって、黄熱病の病源体かなんか発見して、最後にはアフリカで黄熱病に仆《たお》れるト。世界的大学者であるト。日本の名誉を世界に輝かしたんであるト。その死が、畏《かしこ》きあたりに聞えると、勲章だか位だかを賜わったんであるト、まあ、われわれ、漠然とノグチをそんな具合に理解してますよね。

このノグチが、いまだに生き残ってるというのは御存知かな？　今ね、少年少女向きの伝記叢書なんか出す時、ノグチ伝っていうのは目玉商品なのね。ノグチ抜きじゃ、売れ行きがまるきり違うわけ。戦前戦中の伝記の英雄が全部脱落する中で一人ノグチは孤塁《こるい》を守ってるわけだ。明治天皇、乃木将軍、二宮金次郎、全員アウトであるにもかかわらず、ノグチ一人生きのびることのできたのはなぜか、これはちょっと面白いんじゃないかっていうんでね、われわれ、これをテレビのスペシャル番組に作ったわけですよ。今じゃテレビっていうのも随分変ってきてですね、割と、いいたいことをきちんといって視聴率もまあまあ取れるという時代になってきたもんですからね、局の方でもちゃんとした時間帯をくれるし、大手のスポンサーもついてくれる。まあ、そんな具合に風潮が変ってきたもんでね、ノグチ伝っていうのが実現する運びになったわけだ。

でね、調べてみると、まあノグチっていうのは実に人間臭い男なのね。第一にこの人は借金の天才なんですね。まわり中の人間から金を借りて、しかもその借金を全部踏み倒しちゃう。一体何に使うのかっていうと、もちろん学資にも使うけれど、主たるものは女遊びなんです。友だちをひき連れて紅燈の巷《ちまた》におもむき一夜にして蕩尽《とうじん》してしまう。なんとも無茶苦茶なんですが、それを許して金を借してくれる人物を必ず身辺から見つけ出してくるという稀有《けう》な才能をノグチは持っている。

じゃあノグチは箸《はし》にも棒にもかからぬすれっからしかというと、これがまたそうでもないんですね。ノグチにはヨネという片想いの恋人がいるんですが、この恋人には、漢文やフランス語で恋文を書いたりする。あるいは医学の論文や、頭蓋骨《ずがいこつ》の標本を贈ったりなんかする。つまり、女というものが、男を、その内容で評価してくれるに違いないという、純なる思い込みから脱却してない人なんですね。ところが、ヨネは全然見向きもしてくれない。しかもノグチは諦めない。

見向きもしないものを諦めないいんだから当然しつこくなる。しつこいからますます嫌われる。このあたりは実に、わが青春を省《かえり》みるが如くで、まあ、せつないったらないわけですよ。

でね、おかしいのはね、この恋はこの恋で持続したまま、ノグチは突如婚約してしまうんですよ。ノグチの度外れた勉強ぶりが、ある金持ちの目にとまり、娘と結婚してくれたら、アメリカ行きの旅費を出そうという話が持ち上がる。ノグチはこの話にとびつくんです。出た旅費が当時の三百円。ところがノグチは、この金を一と晩で散財しちゃうんですねえ、勤め先の同僚全員を引き連れて、芸者総揚げのドンチャン騒ぎをやらかし、その勘定を済ますと三十円しか残っていない、しかもアメリカ行きの切符はまだ買ってもいない、という修羅《しゅら》場なんです。やむなく恩師に泣きついて、三百円を無心する。恩師だって楽じゃあない。生れて初めて高利貸から金を借りてノグチに与えるんです。これでやっとノグチはアメリカへ渡るわけなんですが、ついでにいうとノグチは結局、この、金持ちの娘とは結婚しないんです。相手を五年間待たしたあげく、また も恩師が三百円工面《くめん》して旅費を相手方に返済して尻拭《しりぬぐ》いしてくれるんですが、ま、こんな話を始めるときりがないので、このへんでやめますけれども、話をもとに戻して、じゃあ、修身の教科書っていうのはまるきり出鱈目《でたらめ》かっていうと、そうでもないんですね。つまり、修身に都合のいい部分だけをノグチの生涯から拾い出して並べれば、なるほど修身的人間像が作り出せないこともない。

私の粉砕したかったのはこの点なんです。つまり、権威主義といいますか、善悪の基準はお上が決めるのであるト。下下《しもじも》はこれを拳拳服膺《けんけんふくよう》しておればよいのであるト、だからノグチの生涯から、いわゆる教育上不都合な部分は全部カットしてしまおうという、子供の判断力を全く信じないこの精神ですね。今、ノグチ伝ってものは百三十冊から出てるんだけども、その大半は、いまだにこの修身方式を踏襲《とうしゅう》しているんです。この得手勝手な方式を私は粉砕したかった。

でね、実をいいますと、ノグチ自身が生前このことをいってるんです。ノグチが生きてる頃、ノグチ伝がアメリカへ送られてくる。それを読んだノグチは「これは嘘だ。人間はこんなに完全なものではありえない」といって不機嫌になったというんです。

ノグチを育てたのは日本でもなんでもない。日本は、貧困でノグチを追いつめ、学閥でノグチを閉め出すことによって、ノグチにハングリー・サイエンティストとしての原動力を与えただけです。彼の努力と才能を花開かせるためには古き良きアメリカという、自由の風土が必要であった。ノグチを羽撃《はばた》かせたのは、はっきりとアメリカなんです。そのノグチが日本へ逆輸入されるや、貧困に耐えた人、親を大切にした人、恩師を敬った人、日本の名誉を世界に輝かした人、ということになってしまう。なんのことはない、天皇中心の国家主義、それを支える忠君愛国精神といいますか、儒教精神の模範例になってしまう。アメリカで自分の伝記を読んだノグチヒデヨは、その辺を敏感に感じとったからこそ不機嫌になったのではないでしょうか。

ともあれ、ノグチヒデヨ伝をテレビでやってみて思うことはですね、私も先の短い一生でありますす。なんとか人人を騙す側に荷担することなくテレビの仕事で綱渡りを続けてゆきたいものだ、ということなんですね。ノグチヒデヨが生きていたら、ノグチ伝をさかなに、その辺を話しあったり、私たちの作ったノグチ伝のＶＴＲなど眺めたりなどしながら、一杯やってみたかったたな、と思っております。

メガネをくれる人

赤塚不二夫のマンガにイヤミっていうのが出てくるでしょ？　フジテレビのディレクターで、イヤミとそっくりな人がいるのネ。もう初めて見た時、「ア、イヤミだ！」と思っちゃってサ、もうそれ以来、私の中ではその人がイヤミになっちゃったワケ。

でネ、もうそうなるとサ、たとえばその人が東大出だってことも、それからまた、彼の奥さんが、これまた東大出だってことも、それをまた彼が妙に隠してることも、もう、なにもかもイヤミらしく見えてきちゃって、もう、見れば見るほどイヤミなのネ。

だからサ、確かにゲーテ（だったかな？）のいうとおり「自然は芸術を模倣する」っていうことがあるみたいネ。たとえばサ、糸杉なんてものはサ、世の中のあらゆる糸杉はゴッホの影響受けてるしサ、エクス・アン・プロヴァンスなんか行くとサ、山なんか、まるでもう、モロにセザンヌだしサ、そういうことってよくあるじゃない？　この間も、鹿児島の坊津ってとこへ行ったらサ、松の生えた島があってサ、その松の生え具合なんていうものが、もう、どう見てもヒロシゲの露骨な影響受けちゃってるわけョ。もう、見え透いた盗作っていう感じなのネ。折から空にイワシ雲なんか出ちゃってサ、もうひどいワケ。

でネ、マ、そういうのは古典的な例だけどもサ、最近じゃ、たとえば、学校っていうものが、だんだんハレンチ学園そっくりになってきたとかサ、CIAなんかのやり口も、なんとなくジェームズ・ボンドの世界と同じになってきたみたいな気がするじゃない？　そういう意味でネ、どうもこの頃、世の中全体が赤塚不二夫のマンガに似て、とりとめなくなってきたような気が、もう、どうしようもなくするワケ。

つまりサ、「あらゆる風景はイメージである」っていうふうなことをポール・ヴァレリー（だったかな？）がいったような気がするんだけど、結局、優れた芸術家は、われわれ凡俗の人にメガネをくれるわけだよ。でネ、その、魔法のメガネみたいなのを掛けて見るとサ、俄に世界の本質が透けて見えるってことがあるのネ。風景がイメージに変貌するわけだよ。だからサ、僕はネ、イアン・フレミングも、永井豪も、赤塚不二夫も、一種の予言者だって思うわけよネ。

でネ、予言者じゃない人が創造の仕事に携わるとどういうことが起るかっていうと、たとえばサ、テレビはテレビを模倣する、っていうようなことが起るわけネ。たとえばサ、テレビで時代劇やってるでしょ？　あれ作ってる人たちはサ、江戸時代のこれこれの人間像の本質に迫ろうなんて、これっぽっちも考えてないのネ。ただただ時代劇の真似をしてるワケ。時代劇ゴッコなわけヨ、ネ？　テレビだけじゃない、僕はどのジャンルだって全部そうだと思うヨ。写真は写真を模倣するしサ、ネ？　この間も浅井愼平と話したんだけどサ、カメラ雑誌のフォトコンテストの写真っていうのは、全部見たような写真ばっかりじゃない？　たとえば、鼻筋に真っ白くオシロイ塗って着物着た女の子を撮って、題が「祭」だとかさァ、交通事故の現場で、頭掻いてる運転手と、笑ってるおまわりサンとかサ、うずくまったヌードを真後ろから撮ったとかサ、ネ？　判るじゃない？　屋台でラーメン食ってる人たちの薄暗い写真とかサ、半分砂がついた乳房とかサ、あと、砂丘だとか白鳥だとか皺だらけの老人のアップとか、もう、決ってるわけだヨ、写真は写真を模倣するわけなんだヨ。

赤塚不二夫のすごいとこはそこなんだナ。赤塚不二夫はマンガの真似しないもんネ。世の中の方が彼のマンガに似てくるもんネ。やっぱり彼は「メガネをくれる人」なんだヨ、予言者なんだヨ。

でネ、あれはいつだったかな？　赤塚不二夫が「私がつくった番組」っていう番組でテレビ作ったんだけどネ、僕が驚いたのはネ、彼はテレビは素人の筈《はず》なんだけどサ、断固テレビの真似をしないわけヨ。

たとえばサ――っていっても、こりゃ、どうも書きようがないんだけど、たとえば、赤塚不二夫がサ、紙吹雪の降る中に、セーラー服姿で立ってるわけヨ、ネ？　でサ、赤塚不二夫がスカートを上げるとネ、中に越中フンドシしてるワケ。でネ、赤塚不二夫をどう思うかっていうインタビューがあるわけネ、彼の友人知人がインタビューに答えるわけだヨ。でネ、その、答える人の顔がサ、合成画面《クロマキー》になっててサ、赤塚不二夫のフンドシの中に現れるわけョ。ネ？　赤塚不二夫が例の肉体でサ、セーラー服着て立ってるわけだョ。でさァ、天井からはどんどん紙吹雪が降ってくるしさァ、赤塚不二夫のフンドシの中では、牛次郎が「みんな赤塚不二夫のマンガは読まない方がいいと思います」なんてボソボソやってるしさァ、これはもう、ナニ？もうテレビとしかいいようがないのネ、文章でも写真でもダメ、テレビそのものなのネ。テレビじゃなきゃできないことを、テレビはやれ！　それを赤塚不二夫は一発で喝破したわけだ。

　マ、そんなわけでネ、僕なんかもう、自分の本業に関してすら、赤塚不二夫に目を開かれちゃったようなわけでネ、どうも困ったことだナ、と思ってますネ、エエ。

父、万作のかるた

私の父は、私が三歳のとき結核に罹《かか》り、以来ずっと寝たっきりで、戦争が終ったつぎの年に死ぬまで、それはまあ不機嫌な人でありました。当時結核は不治の病でしたから、結核に胸を侵されたということは死の宣告を受けたに等しい。しかも、そんな状態が三十代から四十代にかけて十何年も続いたのですから、これはどんな人間だって相当苛苛《いらいら》するようにもなります。自分の周囲のものが、すべて自分の尖った神経を逆撫でするように見えてくるのでしょう。そうして、病人でありますから耐え性がない。いちいち怒りを爆発させる。まあ私なんかは随分怒られたものです。あっちも疲れたろうけど、こちらも随分惨澹たる幼年時代であった。一家でひたすら息をひそめて日日を過ごしていたように思う。

しかし——やはり父といえども、時にはですね、これでは子どもがあんまり可哀相だと思うのかも知れませんね。サーヴィスをするわけです。たとえば、夏休みの宿題の、自主製作なんかを手伝ってくれたりするんですね。父が毎日病床から空の雲の写真を撮る。私がそれに記録を書き添えて、親子共同製作の観測日記を作る、というようなこともあった。

このカルタも、いわば、そのサーヴィスの一環として作られたのですが、サーヴィスにしては随分手の混んだものです。誠心誠意である。

父がこのカルタを描いたのは昭和十八年ですから、まだ日本が戦争に勝っていた頃だと思います。年の暮になって突然父がカルタを作ると宣言して製作にとりかかった。で、どういう動機で父がそんなことを始めたのかっていうのは、うちの地下室に、父の日記が箱に入ってありますからね。それを見ればいいんですが、どうも見る気が起らんのですよ、親父の日記なんてものはサ、やっぱり、どうもいやじゃありませんか。私の幼年時代を暗澹たるものにした元凶がですな、日記を見ると、案外気弱で人間的な男であった、なんていうのは、もう不愉快ですからね、見る気はまったくない。

ただね、カルタの話をするなら、このカルタで随分遊びましたね。私も妹も、このカルタに出てくる芭蕉の俳句を全部憶えております。勿論、それが父の狙いだったんでしょうがね。で、実を申しますと、それ以来三十年、私はこのカルタを見たことがなかった。ある人が父から貰い受けてずっと所有していたんです。それが、その人の好意で、二年ばかり前に突然私のところに返されてきた。

これはびっくりしましたねえ。まず、その力量に圧倒されましたね、私は。そしてまた、その絵や字の裏に流れている、なんともいえぬ人間の好さ、高さですね、これはもう参りましたね。

ああ、ここまで行ってる人だったか、という思いがありましたね。

父がこれを作った時、四十四歳くらいだったわけですから、考えてみれば私はそろそろ同じ年齢に達しようとしてるわけでしょう。こりゃ考えますねえ、だって、これを描けるようになるには、また別の一生を必要とするようなものですよ、このカルタは。

まあ、ともかく明治の人間というものは、常に国家というものを背負っている感じが強いですね。何をやっても、行動のすべてに一つの強い芯があるんですね。まだ価値体系が崩壊する前に人間形成ができているわけですから、人間が努力して向上して、ある所へ行き着くという健全な倫理観を持っていますね。だからまあ、何とも啓蒙的なんですね、このカルタなんかもねえ……

今、私の子どもは二歳半ですが、私は自分でも動機がわからぬまま、ふと、この息子に父のペンネームを借りて「万作」という名前をつけてしまい、私は今、毎日のように万作を叱って過しているわけですが、どうも、時に、父が私を怒ったのと同じような怒り方をしているような気がしてならない。

父が私を怒る時、私はなぜ自分が怒られているのかさっぱりわからなかった。なぜ自分が怒られているのか、なぜ自分が悪いのかということを、父が理解させてくれなかったために、私の倫理観や、正義観、あるいはまた責任観であるとか、論理的な物の考え方、自分で物事を成し遂げるということの喜びといったものの発達が、随分阻害されたと思うわけです。

だって、ともかく理屈もなにもなし、ただただ「殴る蹴る」になってしまうわけですから、子どもとしてはもう、理不尽な嵐が過ぎ去るのを首をすくめて待つ、という気持ちになってしまうのですね。

で――今、万作を叱る年齢になってみて思うことは、自分もまた、実に他愛のない、馬鹿馬鹿しいことで子どもに対して腹を立てているということなんだな。

「口答えをする」とかね「また散らかして」「お調子に乗るんじゃない」「ホラ、ふざけてないで」「本当にお前はオッチョコチョイだから」「グズグズするな」「ハキハキしろよハキハキ」なんてね、こりゃ不条理ですよ子どもにとっちゃ。

だから万作は、私がなぜ腹を立てているのかさっぱりわからんという顔してこっちの顔見てますね。で、あ、俺も親父に怒られた時はこんな顔したのかな、と思うわけです。

おなかの赤ちゃん、何してる？

玩具屋の店先で地べたへ座りこんで泣き喚《わめ》いている子供をよく見かける。焦《い》ら立たしさのすべてをまわりに発散させて、あらん限りの声で泣き叫ぶ小児を見ていると、人事ながら絶望的な気分になってしまう。

小児の爆発の原動力はただ一つ「泣けば買ってもらえる」これである。小児は、泣くことによって大人に命令しているのである。

これは悲惨な光景であるが、防ごうと思えば防げぬ事態ではなかった筈だ。防ぎ方には二つある。すなわち、一つは、泣くことによっては何事も解決しないということを早くから教えこむこと。子供が自分勝手な理由で泣いた時には、周囲の大人は一切反応を示さない。これを五年くらい続ければ、小児は泣くことの無益を次第に悟り始める——筈である。うちの子供はまだそこまで行っていない。今一つは、更に簡単で、端的に有効である。すなわち、初めっから子供の前では決して玩具を買わないことにするのである。子供を連れている時には玩具は見るだけにする。初めからそういうものだと思っていれば、子供は決して不満を示さない。

「オモチャ屋サン、行コウヨ」

「見るだけだよ」

「ウン、見ルダケネ」

欲しそうな玩具はその時の様子で判る。その場で買わずとも、後刻、買いもとめておみやげとして渡してやればよい。四、五歳まではそれでいいと思う。

ただし、おみやげというものにもいろいろと問題はある。つまり、おみやげというのは、あまりにも容易に癖になってしまうのである。親が帰ってくる。子供は、何かおみやげがないかと、まず親の手元あたりに、素早く抜け目のない一瞥《いちべつ》をくれる。空手の時には惨めな失望がありありと顔に顕《あらわ》れる。そういう、物欲しげな事態を私は生理的に好まない。おみやげをくれるから好きということは、裏返せばおみやげをくれないのは嫌いということになりかねぬ。親子を結ぶ絆はもう少し純粋なものでありたいと思うし、そのためには、おみやげなどという愚劣なものは犠牲にしても一向に構わぬと私は思う。だから、私は、子供に玩具や遊び道具を作ってはやるが、おみやげはほとんど買って帰らない。回数にすれば、一年に二回くらいであろうか。

総じて、子供は玩具よりも本物を好むように思う。電話、カメラ、テープレコーダーなどをひねくりまわして飽きることがない。

鋏《はさみ》や刃物にもひどく興味を持つようだ。私ども夫婦は子供が二歳くらいの時、決心して鋏を使うことを教えることにした。「使ってもよろしい」と、先ず許可を与える。ただし、鋏は非常に危いから、使う前に必ずカァチャンの許可を得ること、使う時には床に座って使うこと、鋏を持っている時はソロソロと歩くことなどを約束させて鋏を使わせた。(ついでながら、子供に対する時には、言葉遣いをできるだけ肯定形にもってゆく努力が必要であると思う。試みに、右の内容を否定形でいってみようか。カァチャンがいいっていわなきゃ使っちゃダメ。立ってる時は使っちゃダメ。持ってる時には走っちゃダメ――これでは家の中が小うるさくてやりきれぬ)。

包丁も最近使うようになってきた。と、いっても、ふかした芋を二つに切るくらいなことだが、それだけでも結構大仕事をしたように納得するのは、本物の、切れ味鋭く砥ぎすました包丁を使うせいだろう。

そんなわけで、私のところではあまり玩具は買わないのであるが、それでも、いろいろな人人から折折おみやげに頂戴したものが溜って相当な分量になっている。

この何ヶ月か、子供は、ブロック式の、何というか、デンマーク製で小さな単位を積み重ね、組み合わせてさまざまな形のものを自由に作る、という式のものに熱中している。それ以外の玩具には見向きもしない。でたらめきわまる構造物を作っては、グレートマジンガーだといって終日遊んでいる。どこがどうマジンガーなのかは判らぬが、本人は深く納得しているのだろう。想像力を刺戟するところ、そして、手仕事であるというところ、出来、不出来のあるところがよいらしい。

現在、家内は妊娠八ヶ月であるから、子供と話していても、おなかの赤ちゃんのことが当然しばしば話題にのぼる。この間も、

「今、赤ちゃんはおなかの中で何をしているかね」

といったら、子供が、

「ブロックをしてますね」

と言下《げんか》に答えたのには驚いた。

「ブロックをやっててね、カァチャン、デキマシタヨってね、ブロックを持って出てくるからね」

という。一瞬、私も、赤や青や黄のブロックを持って生まれてくる赤ん坊が目に見えるかと思えた。

穀物の変形

私は一日一食である。

従って毎日脱糞するというわけにはゆかぬ。一日の食事では分量不足で、下方へ向かって押し出す圧力とまでなるに至らないのである。圧力が充実してくるのは、左様、二日乃至《ないし》三日に一遍であろうか、この時には量感あふれる実力十分な物体が便器の底に横たわることになる。

そもそも理想のウンチというのはいかなるものかというに、これはもう明らかに子供のウンチをもって最上とするのである。子供のウンチというのは本当に凄い。あれはもうスペクタクルといっていいくらいだ。

幼児用バットほどのやつが縦一文字に押し出されている。あるいは僅かに屈折してくの字をなしている。あるいはまた大らかにカーヴしてCの字を作っていることもある。出来たての肉体、真新しい腸にして初めて作り出しうる力強さと素朴さ、素直さがそこにある。

もちろん、私の作品だってそれほど悪いわけじゃあない。食事の内容を、玄米と野菜、丸ごと食べられる小魚に限定して以来、果然、私の排泄物は日本の伝統美を取り戻し始めたのである。かつて肉や卵や乳製品を思うさま飽食していた頃の、なにかチョコレート状のものがチョロリ風の貧しい排泄物とはがらりと打って変り、私の作品は質量ともに子供のそれに近づいてきた。どこからどう見ても、それは穀物の糞なのである。穀物が形を変えた、文字通り糞という字を絵解きしたような糞を、私は排泄するに至った。

ただね、最初に申し上げた通り、惜しむらくは回数が少い。そりゃ、三度三度食事をすれば毎日脱糞することも可能ではありましょうが、私は何も脱糞するために食べているわけじゃない。そんなことより、私は最良の状態で食を愉しみたいんです。そのためには一日一度、腹の皮が背中にくっつくほどの、徹底的な空腹感を味わわないと気が済まなくなってきた。かくして一日一食。

その代り食事時間は極端に長い。いわば、六時頃から寝るまで全部が食事時間なんです。皿小鉢に盛られたヒジキや煮豆や、キンピラゴボウや納豆や、インゲンの胡麻あえや冷や奴や、鯵《あじ》の干物や小魚の天ぷらを、あちらを一と口、こちらを一と口とやりつつ、ゆるゆると玄米を嚙み酒を飲む。あとには深く短い眠りがやってくる、という寸法なんだが——。

まあ結局、僕はあなたとはまるきり別の世界に住んでるといっていいんじゃないかな。

子育ての大方針

子供を育てるということは、やたらと難しい。そのことは私、身をもって知ってるんです。つまり、育て損うと私みたいなのができてしまう。私の父は寝たきりの病人だったから不機嫌の固まりでありまして、少年時代の私はもう朝から晩まで叱られてばかりいた。今思い出してもクソ面白くもない毎日であったね。

でね、面白くなくったって、それが後年プラスになってくれりゃいいんだけど、そうじゃあない、あんまり怒られてばかりいると、なんで怒られているのかという主題のほうが疎《おろそ》かになってしまって、結局、叱られている子供にとっては、当面、親の機嫌の悪さだけが問題になってしまう、ただただ首を竦《すく》めて嵐が通り過ぎるのを待つという図式になってしまって、これが私の精神形成に大いなる災いを齎《もたら》した。

「俺は自分の予供を、絶対にうちの親のようには育てないぞ」

子供ができた時、私はとりあえずこう宣言したものだが、その時、女房が膝を叩いて、

「あなた、ほんとにそうよ、あなたみたいになったら大変よ」

といったのは笑止であった。

さて、育児というものは、日日のこまごまとした営みでありますからして、とかく、その問題の矮小さと煩雑さにとりまぎれて問題の根本を見失い勝ちである、ここは一番大方針を立てねばならぬ、というので、われわれ夫婦は日夜語り合って、子育ての大方針を「独立自尊」ということに決定した。つまりですね、子供が三十歳ぐらいになった時にだね、自分の力で物を考え、自分の力でこの世に生きて行けてだね、なおかつ「ああ、俺はこの世に生まれてきてよかったな、俺は俺であってよかったな」と思うことができるようになる、その基盤を作る手助けをする、というのが主眼でありますからして、そういう照準のもとにすべてを考えて行く。

たとえばね、子供がいたずらをして叱る。叱ってもやめないという場合、主題はいつの間にか、子供がいうことを聞かないといって叱る、という方向に転化していることがあるわけです。本来は、してはならないいたずらをしたことに対して叱り始めたのに、つまり共同生活のルールを破ったことの責任を問うというところから出発した筈なのに、いつの間にか問題がすり替って、

「どうして云うことが聞けないんですか。ほんとにもう」

ということになってしまっている。だけどこりゃ考えてみればおかしな話であって、自分の力で考え、判断し、行動する子供というものは親のいうことなんか聞かない筈なんだよ。つまり、云うことを聞く子供というのは便利ではあるが、それ自体が目的であってはならんということな

のね。

でね、ついでにいうなら、じゃあ、子供がいうことを聞かない場合どうするか、というと、私は徹底的に説明するわけです。三歳の幼児に対して堂堂理論闘争を展開する。育児書には、叱る時にはガンと一発叱る、理屈はいけない、とあるが知ったことじゃない、徹底的に説明する。私は自分の子供が、全く可愛気のない、日本一理屈っぽい子供になってもかまわんと思っている（その徴候はすでに二歳ぐらいから見えていて、たとえば「オイ、男なら泣くんじゃない」というと、即座に「女なら泣いてもいいですか」と泣きながら切り返してくるから、ほんとにもうやりきれない）。

まあ、あれじゃないですか、徹底的に説明するというのも、たとえば十年続ければなんらかの意味をもってくるんじゃないですか。そうとでも思いこまなきゃ、とても子供なんて育てられるもんじゃない、と僕は思うなァ。

こういうこともある。

「アーラ可愛いわねェ」と誰かに誉められる。親としては当然嬉しいわけでありますが、ちょっと待て、そこで手放しで喜んでいてよいものか。将来、他人の賞賛だけが唯一の行動原理であるような性格が形成されたらどうなる。かかる他人指向の性格というものは、とかく外罰的傾向、責任を他に転嫁するという形になって表れやすいのではないか、可愛い子供に育てるということは目的ではないぞ、と踏みとどまらねばならんのではないか。独立、という大方針で行くとそうならざるをえない。ホンでは自尊という大方針から行くとどうなるか。自尊の根本には自愛ということがあるのでして、人間はやっぱり自分を愛することができなきゃだめだ、自分を愛することができぬものに何で他人が愛せよう（その点私は不幸な人だったわけよ。自分が少し好きになってきたのはやっとこの頃だもんね）。

でね、自分を愛するというのは、自分にかまけることじゃなくて、自分のことは忘れてられるということなのね、自分に関してはもう安心なんだから放っといていいや、という境地が貴《とうと》いわけで、そのためには、やはり幼年時代は溢れるような愛情に包まれて育つのが望ましい、そのためにはやはり「アーラ可愛いわねェ」ということもある程度必要なわけで、その辺を斟酌《しんしゃく》しつつ個個のケースに当らねばならぬ（オヤ、もう枚数が尽きた）。

最後にもう一つだけいうなら、この大方針もさることながら、その前に両親の仲がいいということ、これは子供を育てる上での絶対条件なんですなあ、だからわれわれ夫婦は猛烈努力をしております。全くのところ、私なんぞ、生まれ変ってもう一度結婚するとしても、必ずや同じ女房と結婚するに違いない、と今や思い始めているわけ（いや、ほんとの話）。

酒の味

エー

といったっきり後が続かない。失礼して一杯やりながら喋らせていただきますが、実をいうと二日酔なんです。どうもこのところお酒がおいしくてならない、というより、おいしいお酒しか飲まなくなってしまった。

実をいいますとね、最近、突然酒の味ってのが判っちゃったわけ。なぜ判ったかっていうと、こないだ菊正宗の工場から中継放送やったわけです。で、その時にィ、なんてのかな、搾りたての酒ってのかね、そういうのを飲ませてもらったわけね。これが凄かったわけ。こォらもうね、驚天動地といいますかね、丸太棒で脳天を一撃されたというか、ともかくびっくりしちゃいましてですね、いまだに呆然としてるわけですがァ——どうも説明しにくいんだなァ。がらんとした工場でさァ、木の箱かなんかに腰かけてると、杜氏《とうじ》の人がブリキのタンクみたいなのから搾りたての酒を注いでくれるわけなんだけど——どう説明したもんかね、ともかく、そいつはやや濁った酒であったね。いや、白濁してるんじゃなくって、淡い黄色に澄んでる酒の中に微細な搾りかすが浮遊してるという感じのものね。

で——一と口、口にふくむ。ト、まだ生きてる酒なもんだから、炭酸がピリリとくる。そのピリリの中にほんのりした甘味と、それからあのホラ「ムスカデ」っていう葡萄酒があるけど、あれを極く上等にした風の酸っぱみね、それが感じられたかと思うも束の間、その裏にひそんでる渋みが舌をよぎり、かすかなホロ苦さが閃いて消える、と、こうなっちゃうわけ。

で、飲み下す。と、飲み下したあとからですね、なんかこう力強い辛みがグイと胸を抉《えぐ》る、という寸法なのね。これでね、一発で判っちゃった。つまり、プリズムで光を分解した如く、高速度撮影で速い動きを分解した如くに、あ、酒の味ってのはこういうことだったんだ、ってのが判っちゃったわけね。

それ以来、なんていうか、味の尺度ができちゃったわけね、酒の味に関するメートル原器みたいなものが私の中にできちゃった。だからさァ、今、振り返ってみるに、私は何も判ってなかったわけよねえ。そりゃ、私だって一人前に、近頃どうも酒が甘ったるくてとかさ、ウム、この酒はかなり辛口のようだ、とか漠然たることはいってましたよ。だけどさ、何も根拠がないのね、つまりさ、理想の味ってものがないんだから、いうことがまるでとりとめないわけよ。

でねェ、思うんだけど、なんで今まで酒の味が判らなかったのかといえばですよ、結局「どうですこの酒」って一杯突きつけられるじゃない? 本来なら、その時、まず己れの舌で味わい、微細な要素を分析し、他の分析結果と照合して綜合的な位置づけを下す、というのが主体性を持った大人の取る態度とするならよ、私のやってたのは善悪二元論よね。さまざまな要素の組み合せで、さまざまな個性の酒があるってんじゃなくて、善悪の問題になっちゃった。子供がよくテレビ見てて「あの人、いい人？　悪い人？」って聞くじゃない？　あれと変わんないんだよ。この酒はうまいと「され」てるのか、まずいと「され」てるのか、是とする立場に立つべきか、非とする立場に立つべきか、ね？　尺度が二つしかないわけだ。あらゆる酒を、うまいか、しからずんばまずいか、この両極へ分けちゃおうというんだから、乱暴きわまりない話で、こういう二値的尺度では酒のそれぞれの個性を味わい分けるなどとてもできるものではなかったのである。

だからね、酒飲むってこと自体がね、これは、あるいは子供っぽいことかも知れないわけよ。たとえば私なんか酒飲み始めたのが中学三年くらいでさ、杜甫の詩を気取るわけじゃないけど「交を結ぶは皆老蒼の人なりき」みたいなことでさ、古手の文学書生の議論に耳を傾けながら少年の私は黙黙と酒を飲んでたわけでしょ。つまり私にとって酒っていうのは初めから、いわば成人社会への入団の儀式というかさ、そういう様相を帯びてたわけで、まあ、その背伸びの精神構造がいまだに尾を引いて、この齢になっても、まだ酒飲むとなにがなし大人びたっていうかさ、家長的な気分になったりするわけで、そこんとこがまあ、いかにも子供っぽいト、いうわけなんですが——ア、もう時間ね、ハイ——結局そんなわけで、今の私にとって、酒を飲むこと自体は子供っぽいことかも知れん。しかし「酒の味を判る」ってことね、これはもう断然大人の領分であるト、そう思ってるわけ。

今、こうやって、私の前に「菊正宗」と丹波の「小鼓」と「鳳鳴」と、新潟の「越乃寒梅」が並んでますけどね、これを眺めながら、あっちを一と口、こっちを一と口、こォらほんとにいいんだ。やっと大人の世界に入門。悪くないわけですよ。

幸福男

かつて杏奴《あんぬ》という美女に接近したことがあった。乳房も腰もよく実って大きく、その癖、顔は高貴であった。父が横浜の市役所に勤めているという話も、叔母が北海道の旭川にいるという話も、中学の時体操の教師に恋をしたという話も、彼女の口から出ると奇妙に物語りめいて、聞く者を幻想の世界に誘うのであった。

ある時、私は彼女に訊ねてみた。君の本名は何というのだ、と。彼女は答えた。「サイトウ・ヨシコです」と。

斉藤良子！　斉藤良子なら、父親が横浜市役所にも勤めてるだろう、叔母が旭川にもいるだろう、体操の先生に恋もするだろう。私は一遍に「判った！」と思った。

だから――

といってどうというわけでもないのだが、私の本名は「池内義弘」というのですぜ。「ウム、判った！」と、あなたが思ったならそれでよし。思わなかった人は私が今から自分が何者であるかを説明するから、それを素直に受け入れねばならない。

私は、ですね、一と言でいうなら「幸福な男」なんです。然り。私は幸福である。あのね、正月なんか、女房子供を連れて散歩するでしょ？　うちの近所は一面の蜜柑畑ですよね。その蜜柑畑の中の細い道を親子で散歩しているとだね、あたりはしんと閑《しず》まりかえって、鳥の声だけが聞えてくる。太陽が一杯に降りそそいで、蜜柑の葉がピカピカと輝いている。静けさがね、こう、光って澱んでるんだな。遠くには海が燦《きらめ》いている。子供の声が澄んで響く。私と女房は黙黙として歩く。コオリャ、しあわせだぜ、コオリャしあわせですよ。ああ、こうなるために俺は今まで生きてきたんだと思いますよ。もう、なにやら、こう、大きなね、光り輝く金《きん》のオニギリをね、もうパクパク食べてる感じね。

寺山修司の魔術は、半分は「名づけ」によって作られる。曰く「犯罪大通り」曰く「人間犬」曰く「女将校」曰く「仮面売り」曰く「西瓜男」曰く「二頭女」曰く「不死の犬」——

この流儀でゆくなら、私などは、さしずめ「幸福男」ということになるのかしらん——と思っている。

ぼくのおじさん

今度新しい雑誌の編集長をやることになった。雑誌の題名は「モノンクル」とつけた。モノンクルとはフランス語で「ぼくのおじさん」の謂《い》いである——

（なんて、文章の初めにナレーションなんかいれちゃったりして）エート、それでね、僕の考えではおじさんというのはなんだか嬉しい存在だと思うんですね。その人がいてくれるというだけで、なんとなくホッとするようなね、なんか気が楽になるような存在、それが僕におけるおじさんのイメージなんですね。

少年である僕がいるとしますね。少年は当然親の押しつけてくる価値観や物の考え方に閉じこめられている。これはもう生まれた時からずっと閉じこめられているわけですから、当人にとってはいわば自明のことであって、従ってあんまり当り前すぎて閉じこめられているということにも気づかずにいるわけですが、でもなんだか毎日がうっとうしい。

そんなところに、ある日ふらっとやってきて、親の価値観に風穴をあけてくれる存在、それがおじさんなんですね。「男なら泣くな」なんて親ならいうところを「人間誰だって悲しい時には泣くんだ。悲しけりゃ泣いてもいいんだよ」みたいな、親のディスクールと違ったディスクールでくる人、それがおじさんなのね。あるいはカーブの投げ方教えてくれたり、コーヒーなんか飲ましてくれたりもするかもしれないよね。おじさんは遊び人で、やや無責任な感じだけど、本を沢山読んでいて、若い僕の心をわかろうとしてくれ、僕と親が喧嘩したら必ず僕の側に立ってくれるだろうような、そういう存在ですね。おじさんと話したあとは、なんだか世界が違ったふうに見えるようになっちゃったト、そういう存在が、まあ、僕におけるおじさんというイメージなんですね。（右の文章は「親」とあるところを「文化」という言葉で代入してもちゃんと辻褄があうように実に巧みに構成されておりますなア）

でね、そういうおじさんの役割りを果たすような雑誌を作ろう、と僕は思いたったのであった。人間というものは自分の矛盾に自分の内側から気づくことはなかなかむつかしい。社会も家族も、また、自己も、それはそれで矛盾だらけのうちに、R・D・レインのいい方を借りるなら「合理的」なんですね。誰かが出っぱれば、その分だれかが凹んで、全体としてはアメーバの如く閉じて調和している。暴力を振るう少年がいれば、それに耐える母親がおり、無関係を装って傍観している父親がいて、それはそれなりに閉じているわけでしょう。この閉じた系を外に向かって開いてゆかない限り、この病気はなおりませんね。そもそも自分というものが見えてこない。それはちょうど日本がヨーロッパの眼をもった時、初めて日本が見えてきたのと同じだと思うのよね。

ですから親と違ったディスクールでくるおじさんという存在、自分がとらわれている文化という檻を外側から見る眼を与えてくれるところの、このおじさんという存在は、柄谷行人氏の用語でいうなら「交通」ということになりますか。

今、雑誌がおちいっているディスクールは大別して三個あるのですよね。第一が好き嫌いのディスクール。若者雑誌は大体においてこれなんです。好き嫌いというのは訴える力は大きいですけど、そもそも好き嫌いというのは投影であって本質的に無意識的なものですよね。

と、いうことは、自分というものを少しでも意識化してゆく方向を人生の方向とおけば「好き嫌い雑誌」をパラパラめくっている間っていうのは、いっちゃあ悪いが、その人は人生から降りてるみたいなものなのだ、と僕は静かにほほえみながらいうわけよね。好き嫌いだけで物事を判断するのは幼児であり、この判断を受けとめてくれるのは母親しかいないわけですから「好き嫌い雑誌」の読者は、あらゆる他者を母親として期待する幼児である、と、こないなことになるわけやね。

次に——ア、もう紙数がないなア、結論だけいっとこうかね、あと二つのディスクールというのは善悪のディスクールと、正しい正しくないのディスクールですね。善悪のディスクールというのは「いい祭りだった」とか「許せないワヨ」とかいうやつね。で、正しい正しくないというのは科学のディスクールといってもいいかと思いますが、つまり真理は一つであるト、従ってそれに至る道も一つであるト、従ってこれは一直線の世界ですから必然的に競争の世界ということになりますね。

おじさんのディスクールは右のどれでもないのです。おじさんの世界は直線でなく網目なのですよ。真理は一つではない。ある文化にとって真であることは、ある文化にとって真ではなく、また、ある文化にとってはどうでもよいことであって、おじさんはそれを見通す地点に身を置きたいのよね。直線をどこまでよじ登るかよりも、網目の一つ一つである人間たちが、岸本加世子博士もいう如く「ソレナリに」生き生きと輝き、網目であるところの「関係」をこそ大切にしてゆく——そのようなディスクールの発見を夢見つつ、僕は今日も、大体ノーパン喫茶の女の人たちと同じくらいの給料で働いているのです。

(ア、最後のところ競争社会的ディスクールにおちいったみたい、ゴミンゴミン)

60年代のエッセイ

光源氏と大きな蠅の話

私は、俳優として計り知れないものを市川崑氏という天才から吸収した。ある人間像の多元的な摑み方を学んだことは、実に実に大きいことだったと思う。

われわれの作った「源氏物語」を語るということは、これはもう、そのまま市川崑氏について語るということになろうかと思う。

市川崑氏の特質を一言にしていうなら「多元性」とでもいうことになろうか。市川崑氏は、まことに一元的なものを嫌うのである。

たとえば源氏という人間を捉える場合、一元的な発想でゆくなら、それは多分、どこまでも雅《みや》びた殿上人、のイメージに終始するだろう。これが彼には耐えられないのだな。

源氏は、まずなにより人間である。つまり精神的であると同時に、あくまでも肉体的《フィジカル》であるべき道理で、それゆえ、彼はこの両面が常に表現の中に糾《あざな》われていなければ納得しない、ということになる。

つまり、たとえば源氏が歌をよむ、としようか。この時、源氏は、ただのっぺりと、雅びているだけでは適《かな》わない。同時に、たとえばシタリ顔、好色、倦怠、というものが要求されるだろうし、あるいはまた、歌をさらさらと書きながら、生欠伸《なまあくび》もしようし、相手の返事を待つ間、うたたねをしながら涎《よだれ》を流すこともあろう。つまり、それが生身の人間の面白さというものであって、そういうものを切り捨ててしまって人間を描くことは不可能である、というのが市川崑氏の考え方であったと思われる。


そもそも、あのドラマの仕組み自体が、実に二元的ないし多元的そのものではないか。

まず、ごくごく抽象的な、近代的なセットの上で、これはまた徹底的に、史実に忠実な扮装《ふんそう》をした俳優が芝居をするのである。メイク・アップも衣裳も、単なる綺麗ごとではない。たとえば髪なんかほつれっぱなしである。女の髪も、美しさを容赦なく割愛して、実におどろおどろしい。なにせ当時の女性はシャンプーや石鹸があるわけでなし、たしか髪を洗うのは年に二回といったかな。夏を過ぎて、そろそろ涼しくなってきたから、このへんで一度髪を洗おうか、と、たとえばそんなものであったらしい。かなり臭《くさ》いものであったに違いない。

つまり、こういう即物的な要素が市川崑氏の源氏にはふんだんに出てくるのであって、臭いといえばこういう場面もあったと思う。あれは夕顔が死んだ時だ。維光《これみつ》が死体を東山の尼寺へ運んで、こっそりと葬ろうとする。私は、つまり、源氏はどうしても、もう一度夕顔の死体を見たいと思う。もう一度死体を見て、夕顔の死を自分の心にたしかめたいと思う。ロマンチックといえばロマンチックな場面だろう。

市川崑氏の演出になると、これはとても綺麗ごとですむわけがない。死体の安置された部屋に源氏が蹌踉《そうろう》としてはいってくる。続いて維光。源氏は死体にかけよる。維光は部屋に満ちた屍臭に、思わず鼻を押える。源氏は死体に取りすがって号泣する。夕顔の死体の手のあたりに、大きな蠅《はえ》が、ツツ、ツツ、と這っている。

と、まあ、こういうことになるわけだ。

つまり、さっきの続きを述べるなら、抽象的なセットの中で、ごく時代考証に忠実な扮装の俳優が、即物的なまでにその時代に徹した芝居を、しかも現代語で演じるわけであるから、これはもう実に多元的のきわみというべき演出と申さねばならぬ。

これを市川崑氏自身は「私は、古典に徹することによって、現代に通ずると信じ、テレビドラマ『源氏物語』の可能性を探った」というふうに書いておられる。

このことはまた、源氏物語の現代の読者である、ということに徹することにおいて、古典に通ずる、というふうにも置き換えられるのであって、ことの成否はともかく、私はこのドラマを通じて、俳優として計り知れないものを、市川崑氏という天才から吸収することができた。ことに、役、つまりある人間像の多元的な掴み方を学んだことは、実に実に大きいことだったと思う。

そうして、われわれの源氏物語を契機に、将来さまざまな、百人百様の源氏物語が出てくるのを愉しみに筆を擱《お》きたいと思う。

あれだけ巨大な原作なんだ。われわれ、もっともっと貪婪《どんらん》に食いつくことが、ああいう文化遺産を受け継いだものの義務なんじゃなかろうか、と思うのです。

徹底したナンセンス

パリのユシェット座のイオネスコをこんどで私は七回見たことになる。

パリのユシェット座というのは、サン・ミシェルの近くにある、実に実に小さな、さよう、小学校の教室一つくらいの客席を持つ劇場でありまして、この劇場は、もう同じ演《だ》し物を十年以上やっていることになるという。

少なくとも、私が最初に見てからだってもう七年もたっているわけで、その演し物がすなわち、イオネスコなのですね。イオネスコの『ボールド・プリマ・ドンナ』(『禿の女歌手』)と『レッスン』(『授業』)この二本であります。

イオネスコの芝居は、語学の教科書に似ているように私には思われる。語学の教科書の中で、人人は、実に無意味なことを、確信を持って、断固として会話するものである。

もしこのような会話が現実の生活で行われたとしたら、それはおよそ奇妙なものであろうが、イオネスコの芝居の登場人物は、全編を、この語学練習風の会話で押しとおす。

スミス氏　おやおや、ボビイ・ワトソンが死んだらしい！
スミス夫人　まあ、可哀そうに！
スミス氏　なにが可哀そうなんだ？
スミス夫人　私はボビイ・ワトソンの奥さんのことを考えてたのよ。奥さんの名もボビイ・ワトソンだったわ。子どもが二人あったわね。なんて名前だっけ？
スミス氏　一人がボビイ、もう一人がボビイだ。両親と同じように。しかしボビイ・ワトソンの叔父のボビイ・ワトソンが多少の財産を持ってるから、彼がボビイ少年の教育を引受けることになるんだろう。
スミス夫人　そうなるといいわね。それに、ボビイ・ワトソンの伯母さんのボビイ・ワトソンも多少の財産を持ってるから、ボビイ・ワトソンの娘のボビイ・ワトソンの教育を引受けられるんじゃない？　もしボビイがそうなったら、お母さんのボビイ・ワトソンも次の人が見付けられるのに。だれかいい人いないのかしら？
スミス氏　ボビイ・ワトソンの甥がいる。
スミス夫人　ていうとボビイ・ワトソン？
スミス氏　どのボビイ・ワトソンの話だね？
スミス夫人　ボビイ・ワトソンよ。ボビイ・ワトソンの息子で、死んだボビイ・ワトソンの伯父さんじゃないの。

スミス氏　ちがうちがう。それはボビイ・ワトソンの息子のボビイ・ワトソンだよ。死んだボビイ・ワトソンの伯母さんにあたる人だよ。
スミス夫人　ああ、じゃあ、あのセールスマンのボビイ・ワトソン！　大変な商売だけど、よくやってるわ。
スミス氏　そう。競争のない時にはね。
スミス夫人　競争のないのはいつですの？
スミス氏　火曜日、水曜日、そして火曜日。
スミス夫人　一週間三日ねえ。その日はボビイはなにしてるのかしら？
スミス氏　休みをとって寝ている。
スミス夫人　でも競争がないのなら、どうして働かないのかしら？
スミス氏　儂《わし》が知ってるわけないだろう。儂はお前の愚かな質問に全部答えるわけにはいかんのだ！

これは『禿の女歌手』のせりふの一部だが、ニコラ・バタイユが、この無意味な会話を、馬鹿馬鹿しいほど精密に、かつもっともらしく、あくまでも日常的に、どこまでも正当な感情で裏打ちして演出したからたまらない。全く無内容な会話が、実に厳粛に舞台化されてしまった。すなわち抱腹絶倒である。

断っておくが、これは、本当のナンセンスの喜劇であります。実に実に徹底的にナンセンスに書いてあるから、演出も演技も、妙に観客に媚《こ》びた「喜劇的」誇張を必要としない。つまり、いわゆる「アチャラカ」になる必要がない。

いや、必要がないというより、むしろ、徹底的に厳密に、真面目に、真剣に、深刻に演じられたほうがおかしみが倍加するのである。

私の考えでは、俳優が真面目にやればやるほど面白くなるもの、それが優れた喜劇なのだと思う。そうして、ユシェット座のイオネスコにおいて、俳優はとことんまでくそ真面目にやっている。そうして観客は、文字通り「腹わたがよじれるほど」笑うのである。

この種の喜劇が日本から絶えて久しいと思われる。

カブトムシの歌

三年ばかり前、ロンドンのある席上で、老人たちの間に突如としてカブトムシに関する論争がまきおこったことがあった。

私は子供の頃虫を飼うのが好きで、勿論カブトムシも飼ったことがあったから、ここは一つ祖国のカブトムシのために一席辯《べん》じてやりましょう。こう思って耳を欹《そばだ》てておりますと、どうも話のようすがおかしい。老人たちはカブトムシの髪形について論じているのである。つぶさに聞いているとこういうことらしい。一、「カブトムシ団」と名乗る四人の若者が最近ロンドンに出現した。一、「カブトムシ団」は歌を唱う。一、その歌は貧しい青春の歌であって、たとえば「オレは一日犬のように働き、夜は丸太のように眠る。でもこれで家にいるカミサンに五百円持って帰れる。コレデイイノサ」という主旨のものである。一、「カブトムシ団」は、そろってキノコ形の醜悪な髪形をしている。一、あれは一体どういうことだろうか。というのであった。

「カブトムシ団」もその後すっかり有名になったから、ロンドンにいた半年ばかりの間にも、私は彼等の姿を二度テレヴィジョンで見ることができた。

半年に二度というのは、いかにも少いと思われるかも知れぬ。いや、事実少いのだが、英国では、芸人は人気があればあるほどテレヴィジョンには出現しないことになっているのだからしようがない。毎日のようにテレヴィジョンに出現しようものなら、いや毎日どころか毎週、いや、毎月のように出るようになっただけで、もう「うむ、あれももう落ち目だな」ということになってしまう。

話が横道にそれたが、そういうわけで、私は「ザ・ビートルズ」の髪形を非常な期待を持って観察した。そうして思ったのでありますが、どうもこれはなにかに似ている。

栗色の髪がふさふさと波打って肩に、眉に落ちかかり、その先端は大きく内側にカールしている。眉の上のカールと肩の上のカールは、耳のあたりを通るなだらかな斜めのカールで結ばれている。あれはなんだったろう。どこかで見たことがある。

なんだったろう、なんだったろうと考えるうちにふと思いあたった。なあんだ、あれはエリザベス朝の、農民や下級兵士の髪形ではないか。シェイクスピアの芝居にやたらと出てくる髪形である。

赤いフェルトのとんがり帽子を被って呑んだくれている、襤褸《ぼろ》をまとった農民だとか、右脚が赤で左脚が黒なんていうタイツをはいて角笛を持った従者、こういうのが今でいうビートルズ・

出現したようなものなのだな、日本でいえば、丁髷《ちょんまげ》を結った四人の若者が、突如歌手として出現したようなものなのだな、ザ・ビートルズというのは。

ところで、私が書こうとしていたのは、ザ・ビートルズのことではない。私はカブトムシのことを書こうとしていたのである。

先ほど申しましたとおり、私は子供の頃から虫を飼うのが好きで、それゆえカブトムシを名乗る若者たちにも自然興味を抱かざるをえない。

頭髪をエリザベス朝の農民風に身繕《みつくろ》い、巨億の富を築き、自由な私生活を全く奪われてしまった、カブトムシを名乗る四人の若者たち。

彼等にとってカブトムシとは一体なんであったのか。リヴァプールにもカブトムシはいるのだろうか。カブトムシは、製材所の鉋屑《かんなくず》の中や、朽ち木や、ごみ捨て場から発生するという。リヴァプールにも製材所はあるのかな。幼くて貧しかったザ・ビートルズたちは、製材所やごみ捨て場で遊んだろうか。夏休みにカブトムシをつかまえたろうか。

今、私は目を閉じると、小学校三年の夏休みにつかまえたミヤマクワガタの姿がありありと目に浮かぶ。幼なかった私の小さな手がそいつをひっくりかえすと、そいつの六つの小さな足が一斉に空中でもがいた。そのありさまがまざまざと目に浮かぶ。

私はそいつを「観察」し「研究」してノートを作る。ノートにセルロイドの下敷きを敷き、とんがった固い鉛筆で一心に書く。夏の昼下り、底抜けに明るい光の中で、カブトムシがかさこそと動く。

あれから私はなにをしたろう。笹舟を水に浮かべて遊んだのかな。床屋へ行ったのかな。床屋はクリクリ坊主になった私の頭へ、ツンとしみる緑色の液体を振りかけたのかな。

ああ、考えてみれば気の狂いそうな話ではないか。あの頃の小さな手足が、そのまま今の私の手足につながっている。私は生涯自分の体の外へ出ることはないのだ。

かぶと虫の研究

三年ろ組　伊丹一三

みやまくわがた。

色。赤紫がかった黒。はねはない。

足が六本。目のちょっと下のところに、はぶらしのかたちをした、しょっかくのような物が左右へ一本づつ生えている。

頭にくわがたのかぶとのような角が二本生えている。角には小さな枝のような物が、うちがわにむかって五本づつ生えている。一番根本のは長く、次も長く、三番目が短く、四番目も短く、五本目は少し長い。

この枝に短いのと長いのとあるのは色色な物をはさむ為だ。長いのは大きいものを中できつくしめるのだ。

てきを防いで身をまもる為、どうたいがよろいのようにがんじょうに出来ている。せ中に一本たてにみぞがとおっている。

口のまわりは石けんをつけるぶらしのような形をしている。

足。先が三つにわかれ、三つとも先がとんがっていて、何でもひっかけるようになっている。さかさにぶらさがったりする時もこれでひっかける。

おこったら角をたててキイという声を出す。おこった時、角ではさんで、虫かごの竹ひごを三本位いっしょに曲げてしまった。はさむ物によって小さい枝のところを使ったり大きい枝のところを使ったりして、はさむとなかなかはなさない。はねがないから飛べないが、はって逃げるのはとても早い。

たべ物。甘い物をこのむ。砂糖水、かぼちゃのにたのなど。からい物。きらい。のりのつくだにをちょっと口のところにつけてやったらあわててのけた。たばこの煙をふきかけたら大急ぎで逃げた。砂糖水を飲む時、角の間の手のような物を動かして飲む。

ひっくり返るとなか〳〵起き上れない。

腹の方を返して見ると、ところどころ金色のこをふいている。胸のところに、くまの月の輪のようなかたちをした金色の毛が生えている。とった時、おとなりのかしの木の下へおちてもがいていた。

クレープ・シュゼット

パンケーキに類した料理は世界各国に見られるのでありまして、たとえば西部劇なんかで、ジョン・ウェインが野宿をする、こういうときの晩めしというのが必ずパンケーキなのだな。一日中悪漢と戦ってきた大男が、ちっぽけなブリキのナベでパンケーキを焼き、おマメの煮たやつかなんかをおかずにしてたべている。やはりブリキでできたコップで、薄いコーヒーを飲みながらたべている。ちっともおいしそうじゃないし、第一あんまり小食なのがとても心配な気がしてしまう。

あれがたべたい人はメキシコ料理店へゆくがよい。出てくるんだよ、あのジョン・ウェインの晩めしが。ただし、あのウズラマメの煮たようなやつ、あれは日本人の連想じゃいかにも甘そうだが、全然そんなんじゃない。とびあがるほどピリリとからいものです。

インドネシア、インド料理屋にも似たようなものがある。ソビエトにもあるそうです。そうして中国にはかの有名なペキン・ダック、フランスにはクレープ・シュゼットがあるわけですな。クレープはフランス語ですなわちパンケーキだ。

クレープ・シュゼットの名前の由来に関して語るなら、あるときフランスの名料理人、アンリ・シャルパンティエがエドワード七世のためにパンケーキを作っていたところ、誤って料理に引火さしてしまった。パンケーキをひたしていたおつゆがめらめらと炎をたてて燃え上がったのである。

アンリ・シャルパンティエ、このとき少しも騒がず、炎の燃えるままパンケーキを王の前に運び、火の消えるを待ってこれを供した。王はことのほかその味をめでたまい、その料理の名をご下問になったのだな。アンリ答えていわく

「この料理は、てまえがただいま発明したものにより、まだ名前はございませんが、クレープ・プランセス（王女のパンケーキ）はいかがと存じます」

「アンリよ」

王はかたわらの客人と、その美しい娘をさしておおせになった。

「お前のギャラントリーはどうしたのかね。このお嬢さんのために、この料理は今後クレープ・シュゼット（シュゼット嬢のパンケーキ）と呼ばれるであろう」

　クレープ・シュゼットの名の起こりに関してはさまざまの伝説があって、どれもあまり当てにはならない。これもその中の一つであります。

人がはいれる天火で烤鴨子

　ペキン・ダックというのは通称で、ほんとうはカオヤーズという。烤鴨子、と書く。

　烤鴨子は、中国料理の中でも、贅沢で豪華な料理に属する。第一かなり高いものです。高くて分量が少ない。そのくせひどくおいしいから、つい十人前を二人で食べたりするのであって、こういうときの気持ちは、もうやけくそというに近い。

　どういうものかというに、美しく金色に焼きあがったカモの、パリッとした皮を細長い片にそいでゆく。

　別に、コムギ粉で作った、ごく薄い、一種のパンケーキを用意し、このパンケーキで、カモの皮、ネギのセン切り、中国のみそを包んで、手づかみで食う、というのがその趣向である。

　豪華なのはカモの皮だけであって、料理全体の趣は、むしろ素朴にして巧まぬものであります。そこがまたいいのさね。

　以前、私は烤鴨子を作ろうとしたことがある。初めての料理だから、当然書物にあたってみた。私は、烤鴨子に関する短い記述を見出したが、それはつぎのように始まっていたのである。

「烤鴨子は、カモの皮を賞味する料理でございますから、まず、カモをじょうずに焼き上げることが眼目《がんもく》となります。烤鴨子のカモを焼くには、第一に、人が楽にはいれるくらいの天火を作らねばなりません、うんぬん」

　実をいうと、このとき以来、私は烤鴨子という料理に一目置くようになってしまった。人がはいれる天火、これは手が出ない！

　だからといって私があきらめたと思うのは早計というものである。

私は、自分の家の小さな天火で、下味をつけたカモを焼き、なんとなく全体にくすぶったような色合いの、貧民ふうの烤鴨子を作り上げましたね。

どこが貧民ふうかというに、たとえば、私はカモの皮だけを薄くそぐ、なんていうことをしなかった。身もつけて厚くそいだのです。つまり、カモの皮だけを食べようというのは、料理が十種類も二十種類も出るようなときに、カモだけに口を取られるわけにはいかないから皮だけを食うのであって、私が作る烤鴨子は一品料理だからね、そんなぜいたくは許されないのだ、という理屈です。

烤鴨子と聞いてかけつけてきた一人の友人は、しばらく私の作品を見つめてから
「これは、カオヤーズモドキですね」

といった。

皮を作る楽しみ ペキン・ダック

ペキン・ダックというものは、本格的に作ろうとするなら、そもそも、カモを育てるときのエサからして問題になってくるのであろうが、そういうのでなく、ただ、ローストしたカモのブツ切りをパンケーキでつつんで食べる、というぐあいに考えるなら、これはむしろ、単純にして素朴な食べ物である。香港あたりの普通のレストランでてくるペキン・ダックなんて、概してそんなもんですよ。

つまり、そういうペキン・ダックがあっていいわけで、だからわたしはおそれずにペキン・ダックを作るのですな。

ただ、これだけは、やり方を知っておかないと作れないということが一つあるのですね。つまり、カモをつつむパンケーキの作り方であります。

どうやって作るかというに、あなた、ギョウザの皮を作ったことがおありだろうか。スタートはこれにほぼひとしい。ただし強力粉を使う。小麦粉のなかで一等麩質《ふ》の多い、つまり腰の強いのが強力粉なんだね。カステラは薄力粉、ウドンは中力粉、そうしてペキン・ダックの皮は強力粉で作る。

強力粉をボールに入れるなり、

机の上に山盛りにするなりして、熱湯でよくこね、ぬれぶきんをかけて三十分ばかりねかせる。これがたとえば弁当箱くらいの大きさであるとするなら、縦に四つぐらいに切る。つまり四本の四角い棒ができるわけですな。まずこの一本をとってマナイタの上でころがして円筒形にする。ざっと、大ぶりのチクワくらいの大きさとお考えください。

このチクワを今度は一センチくらいの輪切りにして、その小さな円盤を、手のひらで平らに押しつぶすようにすると、さよう、直径四、五センチの、さっきよりはやや薄い円盤にひろがる道理じゃありませんか。

さて、ここからが大切なのだが、この円盤の一枚にゴマ油をたっぷり塗って、その上からもう一枚の円盤を重ね、そういうふうに二枚重なった状態のものをメン棒でのすのだな。のしておいて、ごく薄くゴマ油を塗ったフライパンで両面焼く。焼き上がったら、熱いうちにまたもとの二枚にはがすのであります。油を塗って二枚がくっつかないようにしてあるから、じつにおもしろいようにペロリとはがれる。これが、この料理の最も楽しい瞬間であります。

あとはこれを二つに折り、十枚ずつくらいふきんにつつんでむし器にいれ、強火で三十秒ないし一分くらいむせばできあがり。これに、カモの切り身、ネギのせん切り、中国のみそをくるんで召しあがる。

皮を作るとき、どうせ二枚いっしょに作ってあとではがすなら同じことじゃないか。最初から一枚ずつ焼こう、なんていう悪い了簡を起こしちゃいけない。かたくて、かつベコベコの、オセンベみたいな皮ができてしまうのです。

パーティーの酔っぱらい

イギリスの撮影所と日本の撮影所の最大の違いはなにかというに、イギリスの撮影所にはバーがあり、日本の撮影所にはない。これだと思う。

さよう、イギリスの撮影所にはちゃんとバーがあって、撮影のあいまや食事のときに人人が一杯やれるようにできている。もちろんここで酔っぱらう人間などありはしないのであって、それがわかっているからこそ、撮影所にバーなんぞを開いておけるのだ。

日本の撮影所にバーを開いたらどういうことになるか。これは想像するだけでもなかなかスリルのあることだが、単にバーがそこにある、ということが働く人への信頼、そうして信頼されたものが自ら守ろうとする節度、要するに人間相互の信頼の厚さを物語っているのである。

近ごろTPOという言葉がとみに盛んであるが、TPOとは、背広のボタンを三十六個にすべし、とか、葬儀のときにモーニングに金歯は間違った組み合わせとかということではないのであって、要するに「場違い」はいけない、ということなのだ。

日本人の場違いの最たるものは「振る舞い酒に酔っぱらう」ということがある。振る舞い酒といっても私的なものや無礼講は一応免除しよう。たとえばカクテル・パーティーなんぞである。

あるいはちょっとしたレセプションなんか、まずお酒の出ないことは珍しいし、なにかの折りにビールで乾杯ということもよくある。こういう、飲むのが目的でない場合にでも必ずいるんだな、酔っぱらうのが。

カクテル・パーティーやレセプションというのは、まずなにか集会の目的があるのであって、酒を飲むことが目的のカクテル・パーティーというものはあり得ない。こういうところで酔っぱらうのを平衡感覚の欠如というのだ。

つまり、こういう人があとを断たない間は、当分日本の撮影所にバーができるということは望むべくもない、ということを私はいいたかったのでした。

禁煙のテクニック

もしお望みとあれば禁煙についてお話ししよう。私の考えでは禁煙なぞさしてむずかしいことではない。「禁煙ほどやさしいことはない。私はもう百二十五回も禁煙した」といったのはマーク・トゥエインであるが、私のはそんなインチキなものではない。

私は過去に四回禁煙している。

すなわち一年が二回、半年が二回である。むずかしかったのは最初の一年の禁煙だけで、あとの三回は拍子抜けするくらい楽であった。私は楽なことにはあまり興味を持たないので、従って最近はまったく禁煙していない。

初めて禁煙したのは二十五のとき、一日の喫煙量がまだ三十本くらいだったころの話だ。禁煙は意志の力だ、なんぞと人はいうが、私は意志が強いほうではない。意志よりももっと強いものがある。それを私は使った。すなわち私は虚栄心を利用したのである。

これを方法論的に述べるならつぎのようになるだろう。まず最初に相棒を一人見つけるのだが、これはどういう人物がいいかというに、ほら、口グセのように禁煙する禁煙するといいながらたえて禁煙したためしのない男、ね、思いあたるでしょう。あの男と組んで二人で禁煙を宣言するのである。これはなるべく多数の人を相手に宣言するのがよろしい。この中にあなたが尊敬する人、あるいは、あなたを尊敬している人、あるいは、あなたが見返してやろうとする人などがふくまれていれば更に理想的である。

さて、二人は禁煙を宣言した。あなたの相棒は二、三日のうちに必ず陥落するはずである。その日のうちに陥落する場合だってある。なんのかのといいながらまたたばこを吸い始める。そのありさまはまことに見苦しい。君はひそかに優越感を味わいたまえ。また周囲も君を称賛するだろう。「やはり意志の力だね」「うん、なかなか根性がある」「ほんとうにあの人ったらいったんこうと思いこんだらあとへ引かないんだから」「すてきね」ということになる。

もはや意志が弱くてもあとへは引けまい。あとは虚栄心がすべてを引き受けてくれる。

たよりは自分の気持ち

禁煙するというが、禁煙とはなにかを「する」ことではない。今までしていたことをしなくなるのが禁煙であって、つまり格別なにをする必要もないのです。すなわち「なにもしない」ということを一生懸命にやるわけで、だからこそかえってむずかしいともいえる。

かりに私が今たばこをやめるとすると、一日五十本、一本五分として二百五十分、実に四時間以上の時間が浮かび上がってくる。この突如出現した一種のヒマみたいなものをいかに処理するか、これがすなわち禁煙のむずかしさというものだろうが、これという方法はないといってよろしい。

つまりガムをかむとか、ハッカパイプを吸うとか、そういう次元で禁煙にとりくんでもまずムダなのであって、つまりガムやハッカパイプがいけないというのではないが、それにたよろうとするような精神では少少弱弱しいのである。

禁煙するものにとってたよりになるのは自分の気持ちしかない。自分はたばこなんぞに無縁であるという気持ち「たばこ？　いや、私は吸いません」というケロッとした気持ちの切りかえ。これがすなわち禁煙の要諦《ようてい》というものであろう。「たばこ？　ボクはたばこのまない」

しかし、それにしても禁煙の効果というのはおそろしい。まず最初の三日間くらいのどになにか引っかかったような感じで間断なくせきばらいがしたくなる。舌がチリチリとしびれて何の味もしない。これはからだの中のニコチンが舌から出て行くのだ、といったやつがいる。科学的には妄説であろうが実感である。

それがすっかり終わったときつまりニコチンがからだから全部出ていったとき、これはまるで霧が晴れるように物事がすべてクッキリとしてくる。食物の味わいなぞは百倍くらい複雑で奥深くなる。食欲が——若若しい食欲が復活する。四階くらい階段をかけのぼっても心臓がドキドキしない。健康というのはいいな、なんぞとしみじみ思う。

ウン、またちょっと禁煙してみたくなってきたぞ。

007ゴールド旅行

ジェームズ・ボンド007（ちなみにこの発音はダブル・オウ・セブンであるが）のおもしろさは、その旅行記風に精密な語り口と、荒唐無稽《こうとうむけい》の筋だてとの渾然《こんぜん》たる一致にあると思う。

作者イアン・フレミングは一種の物質崇拝者であって、登場人物に一流品を持たせるのが趣味であるらしい。汽車、自動車、ホテル、レストラン、料理、酒、すべて最高級品を使用するたてまえになっているから、われわれはダブル・オウ・セブンの動きを追っているだけで大名旅行の気分になってくる。

たとえば、ダブル・オウ・セブンがフランスへ行く。

ホテルのバーでアメリカーノという、最近流行のカクテルを注文する。このとき隣にすわってシャンパンの小ビンを傾けていた男が、ツイードの上着を着て、エルメスのシューティング・スティックを持っていた、などとある。

こういうところが、実に楽しいのですね。エルメスはパリ一番の贅沢品屋である。そもそもは馬具の老舗であるが、現在はむしろハンドバッグで名高い。シューティング・スティックというのは、携帯用の一本あしの折りたたみイスとでもいおうか。ステッキのように突いて歩くこともできる。

あるいはディオールのドレスに、装身具はカルチェの時計だけ、という美女が出現する。カルチェというというのは、女持ちの腕時計であるが、最新の型でもおばあさんの形見としか見えない。古風な角形で、文字盤の数字なんぞも時計文字である。

ダブル・オウ・セブンが恋人と食事する。まずキャビア・オン・トーストとくるね。お酒はブラン・ド・ブラン・ブリュの一九四三年。これはシャンパンである。

メイン・コースの〝子牛の腎臓グリル、ポム・スフレ添え〟これがまたいい。

ポム・スフレというのは、薄く切ったジャガイモを、氷で冷やしてから揚げたものであるが、中の空気が膨張するのか、薄いジャガイモが風船のようにふくらむのである。フランス料理の中でも、最もむずかしい料理に属する。

（よけいなことだが、ポムというのはフランス語でリンゴだ。だから、というので、ジェームズ・ボンドの邦訳ではポム・スフレが「林檎《リンゴ》のスフレ」になっておりま

すが、もちろん、そんなものは存在しないのですね）
ま、そういうあんばいで、たとえば『カジノ・ロワイヤル』でも『ゴールドフィンガー』でも、高級フランス旅行心得、という要素がずいぶん濃い。実に有用な記事に満ちているのであります。「うん、これはいいアイデアだ。こんどフランスへ行ったらやってみよう」などとつぶやきながら読めば、心持ちもいっそ福福しくなってくるのであります。

ペタンクをしよう

南フランスでよく見かける光景であるが、いいおとなが七、八人、道ばたの小さなあき地でタマころがしをやっている。

コショネと称する小さな木のタマを標的に、野球のボールくらいの大きさをした金属製のタマをころがして、コショネに近いものが得点するという、なんとも単純素朴なゲームである。

イギリス人の友人が、あれはペタンクというのだ、と教えてくれた。イギリスにも〝ボウルズ〟といって、同じようなゲームがあるという。

ボウルズはオランダへ渡って変形し、さらにアメリカへ輸入されて現在のボウリングができあがったのである。

ペタンクのことを「屋外ボウリングですね」といった人がいる。また、ある人は「ははあ、手投げゴルフか」といった。そうではないのです。

ペタンクは、むしろアンチ・ボウリング、アンチ・ゴルフである。いまだ文明に毒されない素朴な遊戯である。乗り物でいえば、都会を走る自動車ではない。たんぼ道を走る自転車である。

ある友人は、ペタンクを「フランスびー玉」とよんだ。このほうが、まだしも近い。

理想をいうなら、ペタンクのためのあき地は、湿り気のある、緊密でなめらかな黒土がいいように思える。このことをいうと、別の友人は「ああ、クギサシができるような土がいいんだな」といった。

こういう素朴な心を持った人に、私はぜひペタンクを勧めたい。ゴルフやボウリングをにがにがしく感じる人に勧めたい。ゴルフ・ウイドーにも、また野球がやりたいのにグラウンドがないという人にも、年齢差がありすぎて共通の遊びがないというグループにも、私はペタンクをお勧めしたい。

　聞けば、ペタンクのタマも近近発売されるという。では、いずれ全日本ペタンク選手権大会でお目にかかりましょう。

虫のような感じ

　サングラスの似合う人はどちらかといえば痩せ型の、はっきりと彫刻的な顔立ちを必要とするらしい。

　どうも丸ポチャの人のサングラスは妙なものです。流行のシャレード・グラスをかけて、眼鏡の玉の下のフチが頬っぺたにくっついているなんぞは哀れというほかありません。顔が扁平《へんぺい》に見えてしまうのです。

　額の狭い人のサングラスも失敗しやすい。眼鏡が妙に上のほうにかかっていて、その下に頬っぺたが長長とぶら下がっているみたいになってしまう。虫のような感じだね、これは。

　また近くで見ておかしくないのに、少し離れるとまったくチグハグな感じになったりもする。難しいものです。眼鏡をえらぶのは、眼鏡屋で十や二十試してみてもまず駄目でしょうな。少なくとも五十くらいは試す覚悟が必要です。目が悪いけど人前で眼鏡をかけたくない人には、度のはいった、あまり色の濃くないサングラスをお勧めしたい。

ショートヘアの計算

　髪型を考えるとき、まず最初に計算にいれるべきものは、首の長さということです。あるいは首の短かさといったほうがいいのかも知れません。

　とにかく日本人の首は短いのです。いわば貴重な首ではないか。大切に使わねばならぬ、のです。

　首の長さがとくに問題になるのは後ろ姿であって、これが髪型のポイントになるのです。日本髪と抜き衣紋の関係をよく考えていただきたい。

　怪しげなショートヘアと、衿の高さでもって、両方から首の長さを狭めるなぞは愚の骨頂。後ろから見ると、肩の上に直接黒いボールが乗っかってるみたいに見えてしまう。

セシール・カットの失敗作も見苦しい。そもそも、この髪型は、まず形のよい頭蓋骨と、短く刈ってもピッタリ寝るやわらかな髪を必要とします。

髪の硬い人のセシール・カットというのは、二、三日も放っておくと、すぐ輪郭がギザギザになって、ザン切り坊主になってしまう。

第一うまくカットできる人が東京に果たして何人いることか。

髪を切ることを考える前に、長いままでショートヘアと同じような効果を持つ髪型を研究することのほうが遙かに安全であると考える次第です。

書きたくはないけれど

正直のところ、女の人のお洒落については、あまり書きたくないのです。

なぜ、というに、お洒落のことを考えるとき、どうしても、姿かたちのいい人は、姿かたちの悪い人よりいいということになってしまう。しかも、お洒落をするには、お金がかかります。すなわち、お金のある人のほうが、お金のない人よりずっと有利なのはわかりきった話です。

つまり、スタイルがよくて、お金持ちの美人であることがいちばん望ましいという、残酷なまでに不公平な事実を、私はいったいどうしたらいいのかね。

さて、似合うということについてでありますが、ほんとによくもまあ、みなさんあれだけ似合わないものを着るものだと思う。また似合うとか似合わないとか、論議の対象になり得ないような雑駁《ざっぱく》な衣裳というものが多すぎるようにも思う。

いったいなぜ人は似合わないものを着るのか。これには大きくいって二つの原因があると思う。

一つは、客観性の不足である。

一つは、趣味の悪さである。

世の中には、なにを着ても似合うという人がいるものである。

「ほんとにあなたってなにを着てもよく似合うわねえ。うらやましいわ」

などと人もいう。ところがそうではないのです。自分に似合わないものをぜったいに着ないだけの話なのだ。なんでも似合う人間なんていうわけがないでしょう。

こういう人に、秘訣をたずねると、

「あたしね、フクラハギのあたりが人より太いのよ。だから長めのスカートはぜったいはかないの。よく、脚が太いからって、長いスカートはく人がいるでしょう。あれはすごくソンだと思うな。だってスカートが終わったところが脚のいちばん太いところへきちゃうでしょ。太さを強調してるみたいになっちゃうわよね。だからあたし短めのスカートしかはかないの。そして短めっていうとどうしてもタイトになってくるじゃない。だって広がったスカートで短いのなんて、あたしの年ではいたら、それこそカマトトになっちゃうもん」

というぐあいに、かなり分析のゆきとどいた答えをするものです。

つまり、自分の欠点、なかんずく、肉体的な欠点を冷静に見きわめること。すなわち、先ほど申し上げました客観性でありますが、お洒落の第一歩は、実に、この点にある、と私はいいたい。

つぎに、その欠点をいかにしてカバーするか、これが第二歩であると思う。いかにスラックスをはきたくても、それが自分に似合わない、というのであればぜったいにはかない、という心構えがほしいのである。

このようにして、第一歩、第二歩を踏まえたうえで、洗練された趣味、という第三歩を踏み出せば、これがすなわち、なにを着ても似合う人ということになるわけでしょうが、並みたいていのことではない。

つまり、育ちとか、環境とか、あるいは経済力とか、こういう文章の手に負えない問題がからんでくる。

具体的な提案といえば、全身鏡、できれば全身鏡の三面鏡を買うこと、服装に関して、非常にすぐれた趣味を持つ人を友人に持つこと、くらいしかないだろうが、全身の三面鏡なんて、えらく高いものについてしまうだろう。やっぱり具体的とはいいかねるのです。

すこし話を変えよう。

女の人には二種類あると思う。すなわち、着るものの数は少なくてもいいから、非常にいいものを、という人と、安ものでもいいから、点数を多く、という人とである。

パリの女性は前者に属し、日本の女性は概して後者を代表するように思える。

似合うという見地からするなら、だんぜん、パリ派が有利である。安ものというのはどうにも処置がない。あまりにも雑駁で、まるでゴミのようなものである。似合ったところで、人の目をひくわけでもない。安ものというのは、あくまでも「ああ、安ものを着てるな」それで終わりである。

そこでパリ派が有利、となるのであるが、点数が少ないから、いきおい、シンプルなものを買うことになる。シンプルならお金もかかるまい、と思うのが日本派の大きなあやまちである。

シンプルなものを着て、かつお洒落に見えるためには、物質そのものがうんとよくなければならない。

つぎにカッティングと仕立が冴えている必要がある。これだけでもそうとうに高いものにつく。

しかもですよ、一箇所よくすると、それとバランスをとるために全体をよくしなければならなくなってくる。靴にもハンドバッグにもお金がかかる。美容院だって、やはり一流のところへ行きたくなってくる、となると、パリ派というのはなかなかたいへんだということがわかってくる。

ともかく、人間はあやまちを通じてしか進歩しないのです。なにを着ても似合うようになるまでには、少なくとも三年や五年、失敗だらけの期間が必要でしょう。

ま、若いうちに、安いものでうんと失敗しながら、自分に決定的に似合うシルエットと色を発見するんですな。経済力ができたら、それを思いっきり上等なもので作ればよい。いささか無責任だが、似合うということについて、私の意見はこんなところです。

料理のふしぎ

アルトゥーロ・ベネディッティ・ミケランジェリという、大変壮麗な名前のピアニストが来日した。ともかくヨーロッパで彼の演奏を聞くということは奇蹟にひとしい。

私は最近パリで開かれた彼のリサイタルに関する記事を読んだのであるが、世界中のピアニストたちが、これだけの面積にこれだけ集まったのは空前絶後のできごとであろうとあった。

私の友人に高野耀子《こうのようこ》さんというピアニストがいて、彼女が今度、ミケランジェリ氏のところに入門することになった。

ミケランジェリ氏はイタリーのシエナという町でお弟子さんを教えるのだそうだが、教えるのはピアノだけではない。

葡萄酒の目利《めき》きから料理まで教えるのだという。つまり、そういうものすべてをひっくるめて人生という芸術が成り立つという風に彼は考えるのだろう。その中からピアノだけを教えることは私にはできない、とミケランジェリ氏はいうのだ。

ところで、料理は、私のひそかな趣味であるが、私は料理することをロンドンでおぼえた。異国にあって、遠く日本を偲《しの》ぶよすがに、と思って料理の本を何冊かたずさえて行ったのである。

私の思うに料理の上手な人には名文家が多い。全く事実に即して書くところから生まれる新鮮な描写力というものがあるように思う。材料に対する愛着、季節に対する愛着というものが知らず知らずのうちに文章ににじみ出るのである。

たとえば、

「近年は胡瓜《きゅうり》を一年中味わえて嬉しいことですけれど、さんさんと太陽の光を浴びて育った畠の胡瓜を、値段も気にせずにとんとんと庖丁の音も高く切れるようになってこその胡瓜もみです」(辰巳浜子さん)

といった文章を異国で読む心境というのは、これはなんともなつかしいものである。こういう文章を熟読玩味《じゅくどくがんみ》しているうちに、どうしても自分で料理をしてみたくなった。もちろんロンドンのこととて日本の材料はごく不自由である。

でも簡単にできるテンヤモノ、すなわち親子丼とかカツドンから始めて、ついにはしめさばのはいった散らしずしなんかも作るようになった。

　中国料理は自由に材料が手にはいったから毎日のように作った。トンポーロー、つまり豚の角煮《かくに》なんかなるべく手のかかるものを半日もかかってコトコトと作る。撮影の無い日に緊張をほぐすにはこれが一番だった。ギョーザなんか、友達のうちへ仕出しまでやったし、しまいにはチャーシューを作っておいて、自分でソバを打ってチャーシューメンを食べてたものです。

　さて、こうした料理をしてみて感じたことは、人に教わって料理を作るくらい簡単なことはない、ということだった。料理の専門家が正確に作り方を示してくれる。その通りに作ると、まさにその通りのものができあがる。狐につまれたようなものであった。

　ただ一つ不可解なのは、よく女の子なんかでお料理学校へかよう。手をとって教えてもらって、しかも食べられないものを作る。あれは一体どうなってるのだろう。どうしてそういうことが起こりうるのか。これが私にはわからないのである。

〝スクエア〟な映画

『ロード・ジム』はひとことでいうなら、二度目のチャンスを与えられた青年船員の話である。一度の過失は人間である以上だれもが犯すもの。これを償う二度目のチャンスがやってきたとき、あなたはどうするか?

「いや、正直のところ、こんなに俺に似てない男（ジムのこと）というのもいないネ」

　ある日、ジムに扮するピーター・オトゥールが話しかけてきた。英語で古めかしく、生《き》まじめで、堅っくるしいことを〝スクエア〟という。

「おい、この映画はスクエアの映画だぜ。じゃ、どうしておれが自分と正反対のこんなスクエアな役を引き受けたか、それはだネ、やろうかやるまいか、ずいぶん迷ってるときに、フイと、あることを思い出したんだ。つまり、おれが海軍にいたときにネ、手榴弾を投げる講習を受けていたんだ。おれが信管を抜いて〝一、二、三……〟と七つまで数えたとき、どういうものか手榴弾をポロリと落っことしてしまった。アッ、と思ったけどつぎに気がついたとき、おれは五十メートルくらいもイチモクサンに逃げて、安全な場所に伏せていたネ。ふり返ってみたら黒っぽい爆煙が風に散っていくところで、上官は爆死だ。考えるよりさきに、からだがパッと反射的に動いてしまって、あとで考えると、その部分だけ記憶が完全に空白になっている。こういうことがあるんだなァ、人生には。

　この場合、おれには道義的責任はまったくなかったわけだが、これが例えば、自分の愛している人を見殺しにしたとか、卑怯な手段で自分だけ助かったとかいうことだったら、おれはもっともっとやりきれない重荷を一生背負うことになったろうナ。こういうふうに考えたとき、おれははじめてジムをやれそうだなァという気がしてきたんだ」

好味抄

　ごく安物のカレー・ライスというものがある。カレー粉がまっ黄色で、肉はほんの一切れか二切れ、ジャガイモとメリケン粉だけは贅沢に使ったという感じで、しかも「恥ずかしいけど僕は好きだ」というあのカレー・ライスの話である。人人はソースなんかザブザブかけて食べるのだが、あれは、私にはカレー・ライスの不味いやつだとはどうしても思えない。あれはあれなりに本式のカレー・ライスとは性格の違った、独立した料理だと思いたい。カレー・ライスにはない独特の下世話な旨さというものがある。

　あるいはカツパンなどというのもそうだ。パンの中に、ごくごく薄い冷たいトンカツと、キャベツを刻んだやつをはさんでソースをかけたカツパンというのがあるではないか。それから、例えば横浜駅のシウマイ、あれなんかもこの部類に入れてよい。あれはシウマイの安物とはいえないだろう。あれはああいう型の一種完成した食い物である。標準店で出すそばもそうだ。あれはそばではない。しかし一種のむなしい味がある。

　男というものは、時時発作的にこういう下世話なものが食べたくなるもので、この味をつい家庭に求めては絶望することを繰返している。例えばチキン・ライスというと、奥さんは、鶏肉の贅沢にゴロゴロ入ったチキン・ライスを作ってしまう。こんなものはもうチキン・ライスとはいえない。山盛りの御飯の中に鶏肉がほんの五つか六つ。これがチキン・ライスの旨さ、ということなのだ。

お洒落の真髄

「プレーンなお洒落」（またかと思わないでしばらく聞いてほしい）というのが、最も基本的なお洒落である、ということはだれでも知っている。

しかし女の人が服を作る場合、なにを見て作るか。服飾雑誌、スタイル・ブックのたぐいでしょう。ところがこういう雑誌にはあまり単純で常識的なものはのらないことになっている。（たとえば、無地の丸首のセーターなんかをデザイナーが、これは私の作品です、とはいえないじゃないの）。いきおい、工夫を凝らしたデザインが目白押しに並ぶのである。

当然、日本の女性は一種デザイン病とでもいうべきものにかかっているね、デザイナーに毒されている。

パリへ行って驚くことは、女の人の服装がごく単純で常識的だということである。まずシルエット、そうして材質、着こなし。これが彼女たちの着眼点であろうと思われる。

秋から冬にかけて、パリの街はスウェイドを着た人人で一杯になる。革のものだからデザインはおのずと単純なものです。色だってベージュから焦げ茶まで、何段階かの茶系統だ。それにグレイや黒のごく簡単なセーターを着てるね、彼女たちは。

昔、私が、ある女の子に紹介されたとお考え下さい。彼女はなかなか素適な青いコートを着ていた。

ところが、です。しばらくたってわかったのだが、彼女の持っているコートはこの鮮やかな青い奴一つきりだったのです。こいつは少少うすら寒い感じだったよ。

コートが一着であれば一着、いつ着てもおかしくないという色を選ぶのが平衡感覚というものではありますまいか。すなわち、ベージュ、ラクダ色、焦げ茶、グレイなんかだろう。一見平凡で実用的と思われるものを着て、いかにもシィクであるという人、こういう人がほんとのお洒落なのだろうと思うのです。

アメリカ製パリファッション

流行に遅れているかいないかを見るには、今のところスカート丈と靴の形しかないようである。ショート・スカートといっても、まだあまり極端なものは見たことがないが、つまり膝小僧が全部出ているか出てないかということである。

靴の形についていうなら、かつて高さが三寸くらいもあって爪先も踵《かかと》の先もあくまで尖ったむしろフロイト的とすら思われるデザインが流行したことがあった。

今は、そういう、つまりミュージカルに出てくる美人秘書が履いているような、つまりハイヒールというのははやらない。この二年ばかりの傾向だが、まず爪先の尖った靴というものがまったく姿を消し、爪先は軽い丸味を帯びた角型が全盛となった。

踵の高さもずっと低くなって昔「中ヒール」と呼ばれていたものが現在の標準である。そうして踵の形をいうなら、例の凶器のように尖った踵は陰をひそめ今は象の脚のように太くて安定した踵が流行の中心なのだ。（昔看護婦さんがこういう踵の靴をはいていたような気がする）

さて、以上がパリにおける昨今の状勢であり、従って日本でも流行に敏感な人人は、まず例外なくこういうなりをしている。

そういうことを予備知識に持ってアン・マーグレット主演の『メイド・イン・パリ』を見よう。この映画は、パリのハイ・ファッションをふんだんに取り入れた「トップモード満開のスマート・コメディー」だそうであるが、アン・マーグレットという馬鹿みたいな女優が次次と田舎臭い衣裳を着けて現われる。それだけのものである。

この映画は去年作られたものだが、パリの雰囲気は微塵もない。（第一、今時パリをセットで作るというのは、あんまりお客をなめているではないか）あるのはただアメリカの通信販売デパートのハイ・ファッションのみ。これに「メイド・イン・パリ」と銘うつ神経。つまりこれが「メイド・イン・USA」ということなのだろうね。

〝映画だけの美人の二人連れ〟

美人というものは数少ないものであるが、美人よりもっと少ないものがある。即ち二人以上連れ立った美人たちであって、これはもう言語道断といっていいくらいに希れである。このことは是非誰かになんとかしてもらいたいと前前から思っていた。

さて、今ここに奇蹟的に二人の美人が連れ立って街を歩いていると考えようか。いずれの二人も限りなく美しく愛らしく、二人ともあんまり綺麗で綺麗で二人のなかから一人を選ぶなんてぼくには絶対できない。両方諦めるか、それとも二人とも両方だ！　という二人になにを着せるかということは大変難しくまた考えるだけでも愉しい作業である。

だってそうでしょうが、どちらの美しさも最大限に引き出して、しかも片方が立ちすぎることなく、あるいはおのおのの個性を際立たせながらも、両方並べてみた時に二人がしっくり調和した共通の雰囲気をたたえている——そういう工合でありたいと思うだけで、もはや空想が雲のように湧き起ってくるではありませんか。

ごく頭の悪い女たちはお揃いのコートや服を着て歩きたがるものだが、是非ともおやめになったほうがいい。よそ目に与える印象は幼稚の一言につきる。

しからば、このジャンルにおいて成功するためには如何なる条件を必要とするか、というなら、まず二人が前述の如き美人であり、かつ高度に洗練された趣味を持ち、かつ大金持ちであることが要求される。すなわち一般の女性には気の毒なくらい不公平な話なのだが、女のお洒落というものは、つきつめればそういう方向をさしているのであって、だから私は女のお洒落については、なにも語りたくない。

ただ、ここに一つの手本を示そ

う。『ヴィヴァ・マリーア』という映画におけるブリジット・バルドーとジャンヌ・モローという二人の美女がまさにこの課題を解決してくれているのである。お二人のために衣裳をデザインしたのはピエール・カルダン。遠い遠い世界のできごとではありません。

男らしいお洒落

男はアタリマエのものをアタリマエに着ていればそれでよい。服装において個性的であろうとするのは男としては邪道である。どうせ人が考え、人が作ったものを組み合わせて着ているだけなのだ。

そもそも着るものに頼らなければ自分の個性が表現できないような人間が大した人物であるわけもないのです。だから、男たるものはアタリマエにサリゲナク身じまいをしよう。ただし、絶対にみみっちくだけはなるまい。女の子が男に会って最初に見るのは爪と歯であるという。着ているものでは靴下であるという。なるほどパテックフィリップの時計をして英国製のスーツに身を固めてる癖に、三足百円のナイロン・ソックスなんぞというのは、いかにも気分的に貧しいのだ。

靴、靴下、傘、旅行用トランク、そうして家族たちの服装、こういうところにお金をかけるのが男らしいお洒落であると思うのです。

最高級品

これは、友人白洲春正君の家に祖父伝来するところの、英国ベンソン社の懐中時計であります。精巧無比にして、その厚さ約一センチメートル、堂堂「これが時計だ！」という威容をそなえている。（パテックフィリップだけが最高級の時計だと思っている、世のいわゆるビジネス・エリートどもは、ベンソンの前に慚死《ざんし》すべし）

ベンソンの懐中時計を、たしか志賀直哉先生が所有しておられるはずである。これは私の父が目撃している。父の文章によると、

「それは一見何の奇も無い大型の懐中時計で、普通に田舎の小父さん達が持って居るやうな舊《きゅう》式な時計であった。名前はベンソンとか言って殆ど手工業時代の方法でこつこつと作り上げられたものだ相《そう》

だ」ということになる。

　これほど風格のある時計になってくると、鎖の選択がまたむつかしい。ロンドンのポルト・ベラ・ロードあたりで目を光らせていれば適当なものが見つかるかも知れぬ。白洲さんはヘイマーケットで

買ったといっていた。

　鎖の先につける重しとしては、祖父が一八九五年、二十五歳にして外遊したみぎり、パリのオテル・クリヨンで盗んできた二十八号室の鍵、なんぞが最適であろうが、残念ながら私にはそんな気の

きいた祖父はいない。

　私もまた自分の孫にはベンソンを羨む気持だけしか残してやれまい、と思っている。父が私に残してくれたのもそれだけだった。

〝ひとりぐらい〟は禁物

公徳心というのはなんであるかと申しますに、客観的である、ということでしょうね、まず。客観的であるというのはどういうことかといえば、昔天動説というものがあって、すべての天体は地球を中心に運行しているというぐあいに人人は考えておった。それをコペルニクスという人がくつがえしましたよね。つまり地球のほうが太陽のまわりをまわっているんだと。

人間にも二種類あって天動説的にしか物を見られない人と、そういう自分中心の物の見方を脱却して、オレはひょっとすると太陽のまわりをまわっている小さな星屑に過ぎんのかも知れんぞ、というコペルニクス的な物の見方のできる人とがあるわけですね。

つまり、他人の眼で自分をながめることのできる人、これがすなわち客観的であるということだ。こういう人は、たとえば不愉快なことがあっても、ブスッとフクレたりしないもんですね。フクレッつらというのが人目にはごくごくみにくいものだということを知っているからで、それゆえさらに一歩を進めるなら、客観性は観祭力と想像力によってささえられ、つちかわれている、といってもよろしいかと思う。

つまり、先がヨメる、ということが大事な点でありまして、たとえば会合に幼児を連れてゆく。幼児がむずがって泣き出す。人人はみんな不機嫌になる。しかも露骨にイヤな顔もできないから、慰めてくれたり、子供をあやすのを手伝ってくれたりするだろう、と、まあそういうぐあいに先をヨミまして、そういう迷惑を人に与える権利は自分にはない、従って幼児は断じてきょうの会合には連れてゆくまい、と決める。これが客観性ということなのですね。

それゆえ、公徳心とは客観的に物を見ることのできる能力であって、この能力は観察力と想像力によって生みだされる、ということになりますから、従って、引っくりかえしていうなら、公徳心の欠如とは、客観性、観察力、想像力の欠如である、ということになるわけだ。

つまり「公衆道徳」と呼ばれるものが世の中にはありますわね。これはだれだって知っている。知ってることとだけはみんな知ってるのだけど、これを厳密に守る人というのはまず百人に一人もいないでしょう。

つまり想像力が足りないんだなあ。たとえば、いま花見のシーズンである。島崎敏樹先生がいつか書いておられましたが、昔、花見にいって一枝の花を折ることは「風流」であった。いま「ドッと繰り出す行楽客」が一斉に花を折ったらいったいどういうことになるか。すなわち風流は過去のものであって、現代に生きるわれわれは風流に対する見解を変えねばならぬ、という論旨であったかと思う。こういうふうに想像力を使ってくださいよ。みなさん。わかりきったことじゃないの、あまりにも。みんなが花を折ったらどうなるか、みんなが紙くずを捨てたらどうなるか。いまさら書くことすらバカバカしいよ。次元が低すぎるよ、まったく。

さて、公徳心において重要なことがもう一つありました。想像力を駆使して先をヨンだ。こういうことをしたら人に迷惑がかかりそうだということがヨメた。しかしヨメただけじゃしようがないね。ヨンだ以上断固として踏みとどまるだけの強さ、すなわち自制心というものが是非とも必要になってくる。

まあ、オレ一人くらい、いいじゃないか。人が見ていないからまあいいやな。みんなやってることだ。オレ一人バカ正直にしたってはじまらない、なんていうのは全部ダメだよ。

自分には、どんなに厳しくしたって厳しすぎるということはない。人間所詮自分の外へ出られるもんじゃないのです。どうしても天動説の徒なんだよ、われらは。

以上、公徳心について知るところを述べてみました。あとは実行のみ！

出物

ひところ、よく、老朽したバスの車体を住宅用に払下げるということがあった。

町はずれの林の中の草むらの上に、こういうバスが三、四台、シャーシーもタイヤも取去られて、まるで日なたぼっこをする老人たちのようにぺったりと坐りこんでいるのを、私は学生のころ、郊外電車の沿線でよく見かけた。

黄や青や白のペンキも剝《は》げ落ちて、赤い錆《さび》の蝕《むしば》むにまかせたバスの中には、それでも確かに一家の住む気配が見られ、窓から突出した煙突から青い煙の立ちのぼっている朝もあり、小学生くらいの男の子が、勢いよく「タダイマ！」と駈けてきて、ドアからバスの中へ消えてゆく、日射しの強い午後もあり、車体の胴に倚《よ》りかかった夕顔の棚《たな》が、一斉に花をつけている夕べもあったのである。

今考えると、なんとも侘しく、落魄《おちぶ》れた情景というほかないが、当時としては、無料《ただ》同然に払下げられるバスの車体というのは、かなりの「出物《でもの》」であったのかも知れぬ。

私の経験では、出物というものはどうも買いづらい。

たとえば、瀬戸内海の無人島が三千円、なんていう話を聞くと、だれだって買いたくなるだろう。しかし、やっぱりこれは買いづらいのである。買いづらいのだが、しかし買わないというのもなんだかひどく損なような、みすみす幸運を見逃しているような、かといって思い切って買ったって、そんな島をどうする？　水も電気もなくて住めもしないし、交通は不便だし、一年に一回行けるかどうかもわかりゃしないし、かりにそういう実利的なことをすべて忘れてしまって、ただ自分が無人島を一つ持ってるという気分的な豪華を味わおうったって、じゃあきみ、今から瀬戸内海まで出かけて地主にあって、交渉したり、金払ったり、役所いって登記したり、ほんとにする気あるのか、といわれればそれも面倒だし、しかしそれにしても三千円はいくらなんでも安くて、結局、もし買ったら、ああもしよう、こうもしよう、雨水を貯えるタンクの設計、発電機をどうするか、ガスはプロパン、こういうふうな洒落た感じの家を建てて、客用の寝室が三つ、島の中央にヘリコプターの発着所を作る、そうねえ、最初のパーティーによぶのは――なんぞとあれこれ胸に描いて夢をふくらませてる間が一番しあわせなような、ともかく出物というのは焦《いら》立《だ》たしいものではありませんか、みなさん。

結局、自分で自分の慾に振りまわされてるんだよね、ばかばかしい。

ほんとうにばかばかしいと判ってても猶おかつ思い惑わすところが出物の出物たるゆえんなのであって、電化が進んでいらなくなった古い機関車が三十万円、なんていわれると、やっぱりあれこれと使いみちを考えてしまう。

（ネ？　あなただって考えるでしょう。考えたってどうにもなりゃしない。まさかあんなものに乗って八百屋へ買物にもいけやすまいし――しかし豪快だろうね、葱《ねぎ》と大根かなんか買うやいなや、店先に乗りつけた、あの黒黒と巨大な、重重しい鉄の塊の中へひらりと飛乗り、ブォー、ブオッ、かなんか汽笛ならしちゃってさ、白い蒸気を凄《すさま》じく吐き出したとみるや、シュッ――シュッ――グワッ、グワッ――シュッ、シュッ――グワッ、グワッ――おもむろに走り去る、というのはどうか）

ごく最近では、テレヴィジョンの中継車が十五万円で売りに出るという珍事があった。

一体なんでそんなことになったのか見当もつかないが、あの巨大な車体の中に、ぎっしりと中継の器械がつまって十五万円である。何千万の品物をただでやるというのと同じことではないか。喉から手が出るほど慾しかったが、私は溜息をついて諦めた。

なぜといって、私には中継することができないのである。中継車だけあっても中継することはできないのである。

中継車を十五万円で買って、中継しようとするには放送局を一つ買いたさねばならぬのだ。このことに気づいた時、私は諦めざるをえなかったが――しかし、どうも気になるなあ、一体どこのだれがあれを手に入れて、一体なにに使っているのか？

出物を買った経験が、私には一度だけある。

スペインに住んでたころ、マラガの近くの、人気《ひとけ》のない海岸に、ばかばかしく安い土地の売物があるという話に私は乗ったのである。

詳しい話は省略するが、海岸沿いに延延と松林が拡がっていて、その松林の中ほどが盛上がって、小高い山になっている。その山の海に向いた南側の斜面全部、これが三万円というのである。ただし家を建てること、というのが条件であった。

私はその場で金を払って契約した。家の金が四十万円くらいだったろうか。ちゃんとした立派な家だよ。煉瓦作りで、真っ白に塗り固めて、居間と、寝室が二つと台所と風呂のある、ちゃんとしたスペイン風の小別荘だよ。

ただし、家はまだ見ていない。私の滞在中、家はまだできあがらず、私はその後一度もスペインへ行く機会がないからである。

それでも、私の家は、松林の中で、白く陽を浴びて、穏やかに青く青く拡がっている地中海を見おろしているに違いないのだ。

将来、私は、そこに三人の美しい姉妹を住まわせることをしようと思う。

いつの日か、私が二人の友と語らってスペインへの旅に出る時、かの『西遊記』の中の一挿話と同じ体験をせんがためである。

体験によれば、マラガを過ぎ、とある松林にさしかかった時、車が突如故障してしまう、とある。困惑した三人が松林を漂泊《さすら》っていると、遙か彼方の松林の中に、一軒の庵《いおり》が見え、燈火《ともしび》が漏れているではないか。

早速案内を乞うと、現われたのは三人の窈窕《ようちょう》たる美少女。

「遙る遙《はばる》る東方の国よりやってまいりました旅の者でございますが、行き暮れて大層難渋いたしております。軒の下でも結構でございますから、一夜の宿をお願いできませんでしょうか」

と問えば、中でも年長らしい一人が艶《つや》やかな流眄《ながしめ》に媚《こび》を含んで、

「それはそれはお困りでしょう。女ばかり三人の山家住まい、ろくなおもてなしもできかねますが、どうぞこちらへおはいりになって、お寛ぎください。申遅れましたが、私は真真と申しまして今年二十《はたち》、上の妹は愛愛と申しまして十八、下の妹は憐憐と申しまして十六になりますが、どれも嫁ぎ先がきまっておりません」

と鶯《うぐいす》のような声でいう。

三人はもう天にも昇らん気持。招じ入れられるや、忽《たちま》ち打解けて、あるいは碁を打ち、あるいは七弦琴を弾じ、あるいは美酒を酌み交わして歓楽を尽くすのですが――

（アア、アア、バカバカシイ。ヤーメタ）

それより、三姉妹の「出物」はどこかにおらぬものか。

午餐会

「今日は三時から裏千家でお茶のお稽古があるんだけど、それまでならあいてる」
と黛《まゆずみ》敏郎氏がおっしゃった。

黛さんと私は、時折、午餐会《ごさん》を行なうしきたりになっていて、今日は私のほうから声をかけてみたのである。

午餐会、といっても別にどうという会でもない。ただ、二人集まって、できうるなら、なにかこう脱俗的な、つまり、風雅にして愚劣、というか、悠久にして無意味、というか、あるいはまた、深慮遠謀にして実現性皆無、というか、ともかく貴重ではあるが無価値、といった意見を交換しあう、という慣《なら》いなのである。

古《いにしえ》の支那に、竹林の七賢という人たちがいて「清談」ということを行ないましたが、われわれ二人には、この清談に対する抜きがたい憧れがあるのですね。それに「午餐会」という言葉の持つ、爽やかなイメージもまた佳《よ》い。

「ぼくはね、肉刺し」

と黛さんが注文した。肉刺しというのは肉の刺身です。

「ぼくも肉刺し、それから鮑《あわび》を焼いてもらうかな、それにフィレを焼いてもらって一緒に食べよう、ぼくはレヤだ」

「ぼくもレヤ」

清潔な感じの若いコックが、目の前の鉄板に油をひいたり、鮑を焼いたりするのを眺めながら、日本酒のオン・ザ・ロックスで乾杯するのも夏の午餐会らしくて佳い。

「ぼくね、考えてるんだけど、ローマでカレー屋をやるってのはどうかしら」

黛さんがいう。

「カレー屋って、つまりカレーの専門店をやるわけ？」

「そう、イタリーだから米はあるしね」

「うん、米はうまいね、イタリーは。もっとも日本人のうまいっていう米と、イタリー人がうまいっていう米は違うけどね。連中が好きなのは例のうんと細長いやつでしょう。あれは高いんだ」

「ほう、長い方が高い？」

「そうね。日本人が好きな丸い米は一番安いんだ。ヨーロッパで御飯炊く時には、だから一番安いお米を買えば間違いない。二通り用意しときゃいいね、イタリー人用と日本の観光客用と」

「多分当たるんじゃないかと思うんだけどねえ、場所さえよければ」

「つまりトラス・テーベレかなんかに——」

「いやいや、そういう下町風じゃなくて、もっと豪華な感じでいくわけよ。ヴィア・ヴェネトの真ん中とかさ。あんまり大きい必要はないんだけどね。まあ二十坪もあればいいと思う」

「ぼくはね、黛さん、イタリーで絶対やりたいと思うのはね、氷屋だね」

「氷屋？　氷屋って例のショリショリやるあれ？」

「そう、かき氷ね、あのかき氷屋の全イタリー的チェイン・ストアを作りたいね」

「かき氷ねえ——氷白玉なんてのはイタリー人どう思うかね」

「これは絶対当たりますよ。第一番目の屋台はヴェニスのサン・マルコ広場に出すね」

「そりゃしかし権利とか縄張りとか大変よ。まずマフィア団かなんかのボスに渡りをつけなくちゃ」

「よくココナッツかなんか売ってる屋台があるじゃないの。ほら、ココナッツの白く薄く切ったやつを並べて、そこへ噴水みたいな仕掛けで水を出して冷たくしたやつ。ああいうのもマフィアかね？」

「どうかなあ、アイスクリームのスタンドってのは沢山あるけど——あ、そういえば、かき氷ってのやってたよ、カナダで。カナダの万国博で」

「やってた？　どういうの？　やっぱり屋台？」

「カナダのはね、三角帽子みたいな紙のいれものに入れて売ってたと思うな」

「三角帽子ねえ――しかしぼくはやはり、例のイボイボのあるガラスの器で売りたいね、アルミの安物のスプーンつけて。もちろん、あの青い波の模様に赤で氷と書いた旗を立ててね。それで屋台の日除《よ》けにイタリー語で――イタリー語で氷はなんてったっけ？」

「ジェラート？」

「うん、ジェラート・ジャポネーゼってのはどうかしら」

「あっちにはそもそもシャーベットっていうのがあるよね」

「だけどあれは高いでしょう」

「そうねえ、五十リラくらいかな」

「ていうと三十円？　そんな安い？」

「そんなもんだと思うけど」

「じゃあ、割りに大変だな、太刀打ちするの」

「それに、あれもおいしいね、エスプレッソのコーヒーね、あれを凍らしといて、かき氷にしたやつ」

「ふうん、それはどういうの？」

「これはもうまったくのかき氷よ」

「じゃあ下地はあるわけだ。これはますます有望になってきたぞ。われわれの氷屋でも、イチゴやレモンのほかにコーヒーとかメロンとかオレンジとか、いろいろイタリー向けのシロップを考えればいいわけだもんね」

「うん、これは当たるかもしれないね。イギリスにもウォールズとかなんとかいうアイス・キャンデーのチェインがあるもんね」

「あるある。あれはぼくよく食べた。オレンジ色のやつね。オレンジ・スティックっていうんだよ。アイス・キャンデーの一番安物のやつね、あれはいいなあ。うん、それにね、イギリスっていえばイギリスでもやりたいものがあった」

「またチェイン・ストア？」

「そう。餃子屋のチェイン・ストアね。これは儲《もうか》る」

「どうして？　ロンドンには餃子屋無いの？」

「無い、絶対に無い。しかもね、連中に餃子食べさせてごらんよ、すごく好きなんだから」

「じゃあ焼き鳥もいいんじゃない？　焼き鳥も外人は好きだもんね」

「そう、焼き鳥もチェイン・ストアでいく。五年か十年もするうちには、会社帰りのサラリーマンが焼き鳥で一杯というのが、ロンドンでも風物詩になって、たとえばビートルズなんかの歌にも、焼き鳥の串を誤魔化《ごまか》す悲しいサラリーマンみたいなのが出てくるかもしれないよ」

「ただ問題は匂いね」

「そうねえ、匂いだねえ」

つまり、餃子を焼く時の匂い、焼き鳥を焼く時の匂いが問題なのです。

西洋で料理をする時、たとえば胡麻油を使ったり、あるいはまた醤油の照り焼きなんかすると、必ず隣近所から文句が出る。

つまり、彼らにとって、原料のわからぬ匂いなのだな、胡麻油や醤油は。つまり得体の知れぬ匂いだから、奇怪な匂い、すなわち悪臭ということになってしまう。

大蒜《にんにく》の匂いならどうってことはない。大蒜なら彼らにも大蒜の匂いと判るから、これは悪臭ということにならないのですね。大蒜、バター、サラダ・オイル、という工合に、匂いの素性がはっきりさえしていれば問題はないわけなのだ。


「残念だなあ、折角いいところまできてるのに」

「惜しいねえ、まったく」

フィレ・ステーキのあと、コックさんがサービスに作ってくれている焼きめしの、お醤油と大蒜と胡麻油の匂いの立ちこめる中で、黛さんと私は、しばし沈黙におちいったのであります。

食べものごときに過大な興味を持つな

今日はこれから食べものの話をいたすわけですが、私は別に専門の料理人でもなし、ごく無責任に、とりとめのないことを喋らせていただくことにしたいと思います。つまり、

「食通になろう！」

とか、あるいはまた、

「食通になれる！」

とかいう話ではないので、その点、すべてのことに「通」であろうという若い方たちにはまことに興味の薄い話になろうかと存ずる次第です。

興味という言葉が出たついでに申し上げますが、食べものに対して過大な興味を持つ方がいらっしゃる。私自身そうなので、これは自戒の言葉として申し上げるのですが、食べものに対して過大な期待を抱く、過大な価値を置く、要するに情熱的であり過ぎる、つまり食いしんぼうであるということですが、どうも困ったことであると思う。

情熱、つまりパッションという言葉は、福田恆存《つねあり》さんのおっしゃられる通り、パッシヴと語源を同じうするのであります。つまり受け身である。煩《わずら》わされまいと思いつつも、どうにもならずその虜《とりこ》となるわけで、情熱といえばなんだか聞えがいいが、実は煩悩《ぼんのう》であります。

こうして話しております最中にも、私は煩悩が強いほうでございますから、つい千疋屋で氷西瓜《すいか》が食べたいなどと考える。あるいは、私は明日から三原という、広島のちょっと手前の町へ出かけるのですが、明日は三原の「ちか」という小料理屋で、鱸《すずき》の洗いと鰧《おこぜ》の唐揚げを食べよう、酒は旭菊水の一級を冷やで二三合、次の日は、沼田《ぬた》川を溯《さかのぼ》って「女王荘」で鮎《あゆ》の塩焼きばかり十四くらい食べよう、どうも一年のうち、季節になると、一度は思うさま食べてみたいものがいくつかあるわけで、たとえば正月の数の子から始まって、春の筍《たけのこ》、夏の鮎、秋の松茸、冬になって河豚《ふぐ》、それに鼈《すっぽん》も抜かせないと思いますが、まあそういうわけで天然の鮎、それも、私の場合は塩焼きだけを思うさま食べる、そして次の夜は「錦潟」というお店で、穴子のワタの塩辛と海老の洗いで一杯、この場合お酒はヤング酔心という辛口の冷用酒がいいかも知れぬ、と、まあ、このくらいのことを話しながら考えてるわけで——表情も目も生き生きと輝いておりましょう？——どうも下品というか、煩悩が強いのです、私の場合。これを克服するのに厖大《ぼうだい》なエネルギーを要するのです。こういう人間に、とても一大事が為《な》せるとは思えないのであります。そういうわけで、よろしく食べものには恬淡《てんたん》たることが男子の道であると思われる。このことはくれぐれも申し上げておきます。第一子供が可哀そうです。食いしんぼうの人の子供は肥満児になりやすい。親が、食べものに対して過大な価値を置き過ぎる、これが子供に伝染するのです。

肥《ふと》る話が出たついでにちょっと申し添えますならば、八十とか九十とか、非常にお齢を召された方方、こういう方方は、まず例外なく、いわゆる鶴のように痩せておられるものです。

あれは一体どういうわけか？

「やっぱりあれよね、齢とっちゃうと、みんなあんなふうに痩せちゃうのよね」

なんていってる女の子がいる。とんでもない話であります。そういうふうに自分に都合のいいようにばかり世の中を考えるもんじゃない。いいですか、あれはだね、

「肥った人はみんなそれまでに死んでしまうのです。痩せた人だけが生き残ってお年寄りになっているのです」

そういうことなんだなあ。

どうも話が多少年寄じみてまいりますが、食べるということを真面目に考えるなら、どうしても健康ということを考えざるを得なくなる。

まず健康であること。特に二十六歳以後において健康であること。そのためには肥りすぎてはいけないよ。健康に痩せていよう。そうして、痩せているためには、食べものに対する妄執《もうしゅう》をなんとか断ち切らねばならぬ。料理なんていうことを云々《うんぬん》するのは、そういう大覚悟が為されてから後の話です。

以前立原正秋さんにお会いした折、剣道のことをお伺いしたことがありまして、この時立原さ

んが何気なくいわれた言葉が今でも頭に残っております。

「そうですねえ、近頃はあまり剣道もやらないんだけど、僕の先生がいつも、足首だけは細くしておけ、といっておりました。これは僕、今でも注意しているなあ」

どうです。

これはちょっと憎いじゃないの。「カッコイイ」というのは、こういうのをいうんじゃないのかね。諸君も「足首を細く」保ちつつ、その上で料理にやかましい大酒呑みにでもなんでもなってくれたまえ。足首を細く保つというのは、単に足首の問題に終始するものではないんだよ。自分と闘い、自分をコントロールする術《すべ》を学んだ人の象徴として細い足首は意味を持ってくるんだよ。

さて、

足首の細い立原正秋さんに教わったスープの作り方を、突然ではありますが、思い出したところでお話ししましょう。

大きい鍋に――大きいというのは、直径四五十センチメートル、深さ三十センチメートルくらいのイメージで私は話してるわけですが――そういう鍋に水を入れ、鶏一羽を丸ごとトロ火で煮るわけです。味つけは塩味だけでよろしい。

鶏に火が通ってグサグサになってきたところで押麦《おしむぎ》――押麦は知ってるだろうね？ ま、知らなくてもいい、米屋へ行けば売っている――を、そうですねえ、仮に二た握りくらいとしようか、そのくらいいれてだね、この押麦もまたトロトロになればそれででき上りというんだが、いくら君が料理したことがないといってもこのくらいはできるだろう。熱くても冷たくてもうまい。立原さんは満洲で覚えたといっとられましたなあ。ともかくやってごらん、やってみなくちゃ話にならんのです。

やってみると、いろいろなことがわかるだろう。たとえば鶏が煮立ってくると、泡みたいなものや、脂みたいなものがプクプクと立ちのぼって、なんとなくスープが小穢《こぎたな》い感じになることを君は発見するだろう。こういうものは細かい網でどんどん掬《すく》って捨てるわけだ。掬っても掬っても駄目な時は、多分君はよほど強い火で煮たのだと思うが、フランス料理の本で、コンソメの作り方でも当ってごらん、そういう時には卵の白味を入れると、ごみみたいなものが全部吸い取られて澄むなんていうことが書いてあるかも知れない。

ともかくやってごらんな、

「時には、母のない子のように」

さ。

あ、一つ忘れておりました。料理、あるいは溯って健康を云々する前に、是非やっておいていただきたいことが一つありました。どうも話がとびとびになりますが、多分あなたには蛔虫がいると思う。いや必ずいるといっていいと思うんだな。定期的に蛔虫の薬を飲んでる人ならともかく、小学校以来飲んでいない、なんていう人なら、まず百パーセント蛔虫がいると思っていいと思う。ことに大酒呑みなんていうのは怪しい。酒があまり吸収されてないので大酒を呑んでいるのかも知れぬ。私の場合は、アメリカン・ファーマシーで買ってきた、シロップ状の強力な虫下しを飲んだら、それ以来酒量が三分の一くらいになってしまいまして、今では二合か三合の酒で結構いい気分になれる、どうもなんだか擽《くすぐ》ったいような話でありますが、本当に健康なら、酒というものをあまり体が必要としないんだな、などと、今更ながら愚かなことに感心している次第であります。

「蛔虫に御用心」

ということで次へ進みますが、ついでにいうなら、諸君の中に、やたらに喉が渇く、やたらに水を呑む、やたらに汗が出る。こういう人はいらっしゃらないかな。もしおいでになればこれは病気です。ただちに漢方の先生に相談されるがよかろう。先生は多分、猪苓湯《ちょれいとう》とか八味丸《はちみがん》とかいう神秘な薬を下さるに違いない。そうして、それを服用した君は、しばらくしてふと気がつくと、口の中に甘い唾液が滾滾《こんこん》として湧き出して喉の渇きを医《いや》しているのを覚《さと》るでありましょう。

そうなのであります。健康ならば、そんなに喉が渇くものじゃないんですねえ。

大分いい感じになってまいりました。今や諸君は、精神的にも肉体的にも海山の幸を心静かに味わえる準備が整ってきたようにお見受けする。

では、私の今夜の食事を内緒でお教えしよう。これは辻留さんに教わったもので、満足飯という名がついている。

ごく生きのいい白身の刺身を大量に用意して——大量というのは、そうさね、君が御飯を三膳食べるつもりなら、刺身の方も同じお椀に三杯分、少くとも二杯分は必要と思ってよろしいので、ともかく相当な量ですが——これを食べる一時間くらい前に漬け汁に漬けておきます。刺身の作り方は、薄く作るよりむしろ、煙草半分くらい、というか女の人の小指くらいというか、そのくらいの見当がよろしかろう。これを、辻留さんによれば

「濃口《こいくち》醤油六、たまり醤油二、味醂二をまぜ合せ、黒胡麻の炒りたての粗摺《あらず》りを入れて」作った漬け汁に漬けておくわけだ。料理としてはこれででき上り。

あとはこれを欅《けやき》の大きな鉢でもよし、益子《ましこ》焼の丼《どんぶり》でもよし、ともかく男性的な器に盛って卵の黄身を好きなだけ落してぶっかきまわし、炊きたての熱い御飯に乗っけちゃあ食い、乗っけちゃあ食い、ただそれだけのものでありますが、いやはや旨いのなんの、これは実に豪快なものですよ、あんた。

と、

まあ、いったようなわけで、なにやらとりとめのないことを話してまいりましたが、最後に男と料理の関係について一言いたしますならば、これは、別に関係ないのであります。料理をするから男らしいわけでもなし、台所に一切立ち入らぬから男らしいわけでもないわけで、君がほんとうに男らしい男であるなら、君が料理をしようが、裁縫をしようが、子守りをしようが、君の男らしさというものは自ずからその中に発現せざるを得ないのであって、たとえばD・H・ロレンスについて書かれたものを読みますと、彼の焼いたパンはあくまで香ばしく、彼の磨いた床は

よく光ったとあります。

三島由紀夫さんが男性的であるというのも、なにも彼がボディービルとか剣道とかいう男性的な種目を愛好するからというわけではないでしょう。男らしい人はなにをやっても男らしいものであります。

諸君がこの機会に、今一度男らしさということについて思いを廻《めぐ》らされんことを願い、あわせて諸君の御健康を祈って、私の話を終らせていただきます。どうも永々と御静聴ありがとうございました。

父の思い出

父の思い出といえばあまりに沢山ある。父は常に芸術と科学の調和というものを理想としていた。それについて思い出を二三書く事にする。

ある日父は僕にいった。

「お父様はライスカレーばっかり食べさす食堂を作ったらよいと思うんだがね。もっと米や食料が沢山自由に手にはいるなら、四條へんの店を一軒買ってそこへ店を出す。礼儀作法をよく弁《わきま》えた教養の高い人達が来るような店をね。コック・給仕はそこらの下等な不愛想なんじゃなく上品で愛想がよくて、御世辞ばっかりいわない様な人をやとう。お前も広告の図案でも考えるんだな、そして店の内はいつも綺麗に水が流してあり、ほこりやごみは無く常に清潔な感じを与える様にしておれば客は一度来れば、何度も何度も来る様になる。又、観賞用の花の鉢を並べ、小さな棕《しゅ》櫚《ろ》がところどころにおいてあり、高雅な趣味を表す様な額も数点かける。音楽としては蓄音機をおいてレコードをかけるんだが、お父様は流行歌なんかはかけない。お前でもそうだろうね。そこでお父様はベートーベンの六十一番や九番をかけようと思うんだよ。表には小さな木を植え真白な壁で看板は銀色にCOSMOと書くんだよ。そこでライスカレーだが純白なランチ皿、銀色に光るさじに白い御飯を程よく盛り馬鈴薯《ばれいしょ》・人参・肉・玉葱をきつい目にカレー粉をきかして煮る。白と黄色と赤だから緑があるといいね。何がいいかな。とにかく緑色のそうそうグリーンピースの様なものを生々とした色のまま、まばらにいれる、それからコップに水をなみなみとついで出す。どうだい、もう客は家を見ただけで引きつけられては入って来る。そしてこの料理を出すと先《ま》ず其の色彩に一驚し、続いてその美味なのを喜び食べながら美しい花や額を眺め、レコードを聞きながら一時《ひととき》を楽しむわけさ。そこで値段の問題だがいくら位にしたものかな。ともかく味の割合に安い。一度来たお客は時には友達と、時には家族と何回もやって来る様になる。そうなればもうしめたものだがね。

しかしここで客を引きつける為には、いつも絶対に品を落さぬ事、むしろ研究して品を良くする様に努力する事、又いつ見ても必ず清潔で額を時々とりかえたり、新しい植木をもって来たり、その配置をかえたりして客があきないように、常に色々と工夫改善せねばならない。投書箱を作ったら効果があるかも知れないね。又すべて科学的にしたいものだな。皿の消毒や料理をつくるのにも科学的な器械を使う、其の他料理場から料理を食堂へ運ぶ間の窓口みたいな所、あれなんというんだろうな。あそこまで料理をベルトコンベヤーで運んだりしたらいいだろうね。もう一寸《ちょっと》時代がよければこんな事も出来るだろうが今の時代には此の望みは大きすぎるかな。今頃こんな店が一軒でもあるかい。日本中の店が、料理屋だけとは限らないよ。何の店でも芸術的・科学的だったら日本も余程値打ちが変っているだろう」

父は世間からは気むずかし屋だと思われているかも知れないが、家庭では常にやさしく、朗かだった。作詞・作曲の他童話をよく作った。又父を中心に家中の者が俳句や和歌をよみ、発表会をした事もあった。脚色をした時は先ず家族に読んで聞かせ、その批評を聞き、自分でよいと思えば、その意見をいれていた。又父の想像力には家族のものが度々驚かされていたものである。これ等の方面から見た父の思い出の代表として次の話を選ぶ。

東京の世田谷に住んでいた時の事である。或る日近所に雷が落ちた。その時父は雷獣が落ちて来たという、口から出まかせな話を作って或る雑誌に出した。その内容のくわしい事は忘れたが、何でも次の様な事だったと思う。それは落雷から始るのだが、

「……急いで行って見ると、黒山の人だかりである。ただ雷が落ちただけにしては、あまりさわぎが大き過ぎると思い、人の頭の間からのぞいて見ると、なんと雷獣の子供がいるではないか。それをよく見ると体のまわりがぼやあと電気で青白く光っており、時々ジージーと音がする。云々」と雷獣の様子が細かく、科学的に描写してあり、うそとはわかっていながら、あまりに真に迫っていたので僕の信念がぐらつき相《そう》になった程だった。

之が発表されてしばらく後、或る測候所から葉書が来て、自分は職業柄あの記事を非常に興味深く読んだ。就いては出来る事ならその時の様子をもっと詳しく図解した説明を送ってくれ。という意味の事が書いてあったのには父も苦笑して、これは全く出鱈目《でたらめ》な自分の創作に成るものだからどうぞ悪しからずと書いた返事を送った。

又父はよく皮肉を云った。

去年の春、父は僕達兄妹を連れて父の大好物の嫁菜《よめな》をつみに植物園へ行った。そしてつんでいると、見廻りがやって来ていきなり、

「草なんかとったらあきまへんがな！」

「しかしこれは雑草ですよ」

「雑草でもなんでも植物園から植物とるのは、呉服屋から反物ぬすむんと同じ事ですがな！　ここは植物園ですぞ！」

そこで僕達は嫁菜をすてた。

「あんまり馬鹿げているからお父様は、あの男が『ここは植物園ですぞ』といった時『ああそうですか。ここは動物園と違うんですか』といってやろうと思った」

これは父が其の帰りに僕等にいった言葉である。

父は永らく病床にあった為、その病を駆除する方法が一日も早く発見されん事を熱望していた。今度アメリカでストレプトマイシンが発見されたが父はすでに数年前によく似た事を考えていた。父の言を借りていえば、

「種々の菌類のうちには、結核菌を好んで食べる様な菌があるに違いない。それに体の中の結核菌を食べさせれば、結核はなおるんだが早く発見されないものかな」

結核治癒の為あらゆる方法を試み、今度ストレプトマイシンの発見により、はっきりとした光明を前途にみいだした父が、その実現を待たずに亡くなったことは、残念でしかたがない。

略年譜

1933年（昭和八年）**0歳**
五月十五日、映画監督・伊丹万作（本名・池内義豊）・キミの長男として、京都府京都市右京区鳴滝泉谷に生れる。本名は池内義弘（戸籍名）。通称・池内岳彦。生後七か月のとき、一家は京都市右京区嵯峨野神ノ木に転居。

1936年（昭和十一年）**3歳**
二月十八日、妹・ゆかり生れる。

1938年（昭和十三年）**5歳**
父が東宝東京撮影所に移籍したため、四月末から京都に戻る四一年まで、一家は世田谷区祖師谷で暮らす。父、肺結核のため病床に臥す。

1945年（昭和二十年）**12歳**
京都師範男子部附属国民学校の特別科学教育学級に編入、特別に英語を学んだ。

1946年（昭和二十一年）**13歳**
三月、国民学校を卒業。四月、京都府立第一中学校に入学。九月二十一日、父死去（享年四十六）。母は松山に帰った。

1947年（昭和二十二年）**14歳**
「映画藝術」一月号の伊丹万作追悼特集に寄稿する。「父ノ思ヒ出」101

1950年（昭和二十五年）**17歳**
京都から松山へ移り、松山市小坂町の多聞院に間借りして母と妹と暮すようになる。四月十四日、愛媛県立松山東高等学校に転入。

1951年（昭和二十六年）**18歳**
四月、大江健三郎がこの高校の二年次に転入、親しくなった。イギリス文学者・安西徹雄も同窓の友人。

1952年（昭和二十七年）**19歳**
四月、愛媛県立松山南高等学校の二年次に転入。翌々年、三月、同校卒業。上京し、新東宝編集部を経て商業デザイナーとなる。この年、山口瞳と知り合う。当時、山口瞳は河出書房発行の「知性」の編集者。

1960年（昭和三十五年）**27歳**
一月、大映東京に入社。芸名「伊丹一三」となる（六七年に「伊丹十三」と改名）。二月、妹、大江健三郎と結婚。七月十三日、東和社長・川喜多長政の長女・和子と結婚。この年、短編映画『ゴムデッポウ』を自主制作。

1961年（昭和三十六年）**28歳**
大映を退社。映画『北京の55日』出演のためヨーロッパへ。

1962（昭和三十七年）**29歳**
『北京の55日』の撮影を終え、帰国。

1963年（昭和三十八年）30歳
「洋酒天国」五十六号（一月）に「ヨーロッパ退屈日記」を発表。「婦人画報」六月号から「ヨーロッパ退屈日記」を連載（六五年五月号まで）。

1965年（昭和四十年）32歳
三月二十日、最初の著書『ヨーロッパ退屈日記』（文藝春秋新社「ポケット文春」）刊。＊著者名は「伊丹一三」。裏表紙に「伊丹一三について」（山口瞳）を載せる。十一月十八日、出演作（テレビドラマ）『源氏物語』の放送始まる。光源氏の役をつとめた。(84)〜(90)

1966年（昭和四十一年）33歳
「婦人画報」一月号から「シネモード」を連載（十月号まで。のち『女たちよ！』に収録）。「婦人公論」九月号から「母と子のためのなぜなぜ百科」を連載（六七年九月号まで。のち『問いつめられたパパとママの本』に収録）。十月二十六日、協議離婚を届出。(78)〜(83)、(91)、(93)、(94)、(96)

1967年（昭和四十二年）34歳
「マイナスをプラスに変える」として、芸名「伊丹一三」を「伊丹十三」に改める。(75)、(76)

1968年（昭和四十三年）35歳
「毎日グラフ」一月二十八日号から「猫のあしあと」を連載（九月二十二日号まで。のち『再び女たちよ！』に収録）。八月一日、著書『女たちよ！』（文藝春秋）刊。十一月二十五日、著書『問いつめられたパパとママの本』（中央公論社）刊。(98)、(99)

1969年（昭和四十四年）36歳
一月一日、宮本信子と結婚。

1971年（昭和四十六年）38歳
「ミセス」一月号から「のぞきめがね」を連載（十二月号まで。のち『再び女たちよ！』に収録）。「潮」六月号から「ン？」を連載（七二年三月号まで。のち『再び女たちよ！』に収録）。「週刊文春」六月七日号から「チキューボシブブンカクダイズ」を連載（七二年五月一日号まで）。「週刊読売」十月八日号から「伊丹十三の編集するページ」を連載（十二月十日号まで。のち『小説より奇なり』に収録）。(18)〜(26)、(50)〜(54)

1972年（昭和四十七年）39歳
「ミセス」一月号から「私の博物図鑑」を連載（十二月号まで。のち『再び女たちよ！』に収録）。三月二十七日、長男・万作生れる。五月一日、著書『再び女たちよ！』（文藝春秋）刊。(27)〜(30)、(55)〜(65)

1973年（昭和四十八年）40歳
十月十日、著書『小説より奇なり』（文藝春秋）刊。(14)〜(17)

1974年（昭和四十九年）41歳
「話の特集」十一月号から「日本世間噺大系」を連載（七六年二月号まで）。(68)

1975年（昭和五十年）42歳
東京新聞・中日新聞、七月一日から「放射線」「紙つぶて」を連載（十二月

二十三日まで）。十一月五日、次男・万平生れる。㉛〜㊾、67、69、71

1976年（昭和五十一年）**43歳**

五月十五日、著書『日本世間噺大系』（文藝春秋）刊。十一月三十日、訳書『ポテト・ブック』（マーナ・デイヴィス著、ブックマン社発行、朝日出版社発売）刊。70、72

1977年（昭和五十二年）**44歳**

「週刊文春」一月一日号から「原色自由圖鑑」を連載（九月一日号まで。のち『女たちよ！男たちよ！子供たちよ！』に収録）。二月、パルコ・プロデュース公演『中国の不思議な役人』に出演。「Sesame」「父親招待席」（鼎談）を連載（六月〜七九年三月まで。のち『女たちよ！男たちよ！子供たちよ！』に収録）。❺〜⓭、66、73

1978年（昭和五十三年）**45歳**

十二月二十日、岸田秀＋伊丹十三（対談）『哺育器の中の大人　精神分析講義』（朝日出版社「LECTURE BOOKS」）刊。

1979年（昭和五十四年）**46歳**

「朝日新聞」七月七日から「分かれ道親子相談室」を連載（八〇年五月三十一日まで。のち『自分たちよ！』に収録）。八月一日、著書『女たちよ！男たちよ！子供たちよ！』（文藝春秋）刊。十二月十日、訳書『パパ・ユーア　クレイジー』（ウイリアム・サローヤン著、ワーク・ショップガルダ発行、れんが書房発売）刊（八三年十二月十日の第四刷からブロンズ新社発行となる）。

1980年（昭和五十五年）**47歳**

「朝日新聞」一月八日から「伊丹十三の一週一冊」連載（六月二十五日まで。のち『自分たちよ！』に収録）。五月二十五日、佐々木孝次＋伊丹十三（対談）『快の打ち出の小槌　日本人の精神分析講義』（朝日出版社「LECTURE BOOKS」）刊。

1981年（昭和五十六年）**48歳**

四月五日、岸田秀『幻想を語る』（青土社）刊（伊丹十三との対談「自我論的育児論」を収録）。七月二日付で、伊丹十三責任編集「モノンクル」（朝日出版社）の創刊。十二月二日付で「モノンクル」十二月号発行。特集「幼時記憶」「家と家具」。この号で休刊。74

1982年（昭和五十七年）**49歳**

「文藝春秋」八月号から「伊丹十三のフランス料理＋α」を連載（八三年七月号まで。のち『フランス料理を私と』に収録）。

1983年（昭和五十八年）**50歳**

四月二十五日、訳書『主夫と生活』（マイク・マグレディ著、学陽書房）刊（巻末に伊丹十三・佐々木孝次対談「あとがきにかえて」）。九月二十日、宮本信子の父・眞吉死去（享年七十歳）。十月一日、主に「モノンクル」掲載のものをまとめた、著書『自分たちよ！』（文藝春秋）刊。

1984年（昭和五十九年）**51歳**

十一月十七日、初監督作『お葬式』封切。

1985年（昭和六十年）**52歳**

二月二十五日、著書『「お葬式」日記』（文

藝春秋）刊。五月三十日、訳書『ザ・ロイヤル・ハント・オブ・ザ・サン』（ピーター・シェーファー著、劇書房発行、構想社発売）刊。山崎努に依頼されて翻訳した。十一月二十三日、監督第二作『タンポポ』封切。

1986年（昭和六十一年）53歳
『伊丹十三の「タンポポ」撮影日記』を制作。

1987年（昭和六十二年）54歳
二月七日、監督第三作『マルサの女』封切。八月一日、著書『「マルサの女」日記』（文藝春秋）刊。十二月二十五日、著書『フランス料理を私と』（文藝春秋）刊。この年、『マルサの女をマルサする』を制作。

1988年（昭和六十三年）55歳
一月十五日、監督第四作『マルサの女2』封切。七月二十五日、岸田秀『さらにまた幻想を語る』（青土社）刊（伊丹十三との対談「世の中は嫉妬、嫉妬、嫉妬の時代です」、伊丹十三・岩井克人との座談「おカネ学入門」を収録）。この年、『マルサの女2をマルサする』を制作。

1990年（平成二年）57歳
一月二十六日、伊丹十三・岸田秀・福島章（鼎談）『倒錯　幼女連続殺人事件と妄想の時代』（ネスコ発行、文藝春秋発売）刊。六月二日、監督第五作『あげまん』封切。この年、『「あげまん」可愛い女の演出術』を制作。

1992年（平成四年）59歳
五月十六日、監督第六作『ミンボーの女』封切。この年、『ミンボーなんて怖くない』を制作。

1993年（平成五年）60歳
五月二十九日、監督第七作『大病人』封切。五月三十日、著書『「大病人」日記』（文藝春秋）刊。この年、『大病人の大現場』を制作。

1995年（平成七年）62歳
九月二十三日、監督第八作『静かな生活』封切。

1996年（平成八年）63歳
六月十五日、監督第九作『スーパーの女』封切。九月十九日、訳書『中年を悟るとき』（ジャンヌ・ハンソン著、南伸坊画、飛鳥新社）刊。

1997年（平成九年）64歳
九月二十七日、監督第十作『マルタイの女』封切。十二月二十日、死去。

2007年（平成十九年）
五月十五日、愛媛県松山市に伊丹十三記念館開館。

＊年譜内にある丸付き数字は、初出一覧に付した丸付き数字と対応しています。『伊丹十三の本』（新潮社）所収、武藤康史氏＋「考える人」編集部作成の年譜などをもとに作成しました。

初出一覧

●本書は、伊丹十三の単著には未収録だったエッセイを集めたものです（「考える人」編集部編『伊丹十三の本』に掲載されたエッセイには「*」を付しました）。初出不明のものには末尾に「†」を付しました。これらのエッセイの初出情報をご存知の方は、お手数ですが編集部までご一報くだされば幸甚です。
●巻頭の四篇（「父」「読書」「勉強」「恋文」）は伊丹十三記念館の収蔵庫で発見された手書き原稿です。掲載誌紙の確認ができませんでしたので、本書では未発表原稿として収録しました。
●初出時に編集部がつけたと思われる中見出しは削除しています。
●掲載誌紙の切り抜きに、著者の筆跡で加筆修正があるものについては、その加筆修正版を採用しました。「デンマークの性教育」は、初出である「東京新聞」の連載「放射線」で「性教育」「続・性教育」「教員室」として掲載されましたが、著者による加筆修正版を採用しました。
●あきらかな誤字脱字は訂正しました。旧字は、人名などの固有名詞、著者の嗜好と判断できるものをのぞいて、原則として新字、常用漢字にあらためました。著者が十三歳のときに発表した「父ノ思ヒ出」は、掲載時には旧字カタカナ表記となっていますが、本書では可読性を考慮して、新字ひらがな表記で組み直しました。初出である「映画藝術」の誌面はグラビアページに掲載しています。

編集部

❶ 父　未発表原稿
❷ 読書　未発表原稿
❸ 勉強　未発表原稿
❹ 恋文　未発表原稿
❺ アメリカ人　「原色自由圖鑑」「週刊文春」　1977年1月6日号*
❻ グッド・ピープル　「原色自由圖鑑」「週刊文春」　1977年1月13日号*
❼ 怒りの旅　「原色自由圖鑑」「週刊文春」　1977年1月20日号*
❽ 大入道　「原色自由圖鑑」「週刊文春」　1977年2月24日号
❾ 判断の人　「原色自由圖鑑」「週刊文春」　1977年3月10日号*
❿ 犬の毛皮　「原色自由圖鑑」「週刊文春」　1977年3月17日号*
⓫ オープン・エデュケイション　「原色自由圖鑑」「週刊文春」　1977年5月26日号
⓬ 幼児番組　「原色自由圖鑑」「週刊文春」　1977年6月16日号
⓭ ロングネック　「原色自由圖鑑」「週刊文春」　1977年4月7日号*
⓮ 親馬鹿　「日本世間噺大系」「週刊文春」　1973年5月14日号
⓯ 練り塀　「日本世間噺大系」「週刊文春」　1973年5月21日号
⓰ ポセイドン・アドヴェンチュア　「日本世間噺大系」「週刊文春」　1973年8月6日号
⓱ グッド・ラック　「日本世間噺大系」「週刊文春」　1973年8月13日号
⓲ 男の部屋　「anan」　1971年2月5日号
⓳ マイクル　「チキューボシブブンカクダイズ」「週刊文春」　1971年9月27日号
⓴ 塩　「チキューボシブブンカクダイズ」「週刊文春」　1971年10月11日号
㉑ ハモニカ　「チキューボシブブンカクダイズ」「週刊文春」　1971年11月1日号
㉒ 寝室　「チキューボシブブンカクダイズ」「週刊文春」　1971年11月8日号
㉓ 猫　「チキューボシブブンカクダイズ」「週刊文春」　1971年11月22日号
㉔ ロケイション　「チキューボシブブンカクダイズ」「週刊文春」　1971年11月29日号
㉕ 読書　「チキューボシブブンカクダイズ」「週刊文春」　1971年12月6日号

㉖ 無人島 「チキューボシブブンカクダイズ」「週刊文春」 1971年12月13日号
㉗ 酒 「チキューボシブブンカクダイズ」「週刊文春」 1972年2月21日号
㉘ 打ち水 「チキューボシブブンカクダイズ」「週刊文春」 1972年2月28日号
㉙ 本屋 「チキューボシブブンカクダイズ」「週刊文春」 1972年3月27日号
㉚ 肓建築 「チキューボシブブンカクダイズ」「週刊文春」 1972年4月3日号
㉛ 父親 「放射線」「東京新聞(夕刊)」 1975年7月1日
㉜ クリーンベースボール 「放射線」「東京新聞(夕刊)」 1975年7月8日
㉝ 新幹線 「紙つぶて」「中日新聞(夕刊)」 1975年7月15日
㉞ ロウ細工 「放射線」「東京新聞(夕刊)」 1975年7月22日
㉟ ショージキ 「放射線」「東京新聞(夕刊)」 1975年7月29日
㊱ 高校野球 「放射線」「東京新聞(夕刊)」 1975年8月5日
㊲ 海洋博 「紙つぶて」「中日新聞(夕刊)」 1975年8月12日
㊳ 爆弾 「放射線」「東京新聞(夕刊)」 1975年8月19日
㊴ デンマークの性教育 「放射線」「東京新聞(夕刊)」 1975年8-9月
性教育(8月26日)、続・性教育(9月2日)、教員室(9月16日)
㊵ 大実験 「放射線」「東京新聞(夕刊)」 1975年9月23日
㊶ 博物館 「放射線」「東京新聞(夕刊)」 1975年10月7日
㊷ 美食について 「放射線」「東京新聞(夕刊)」 1975年10月21日
㊸ 秋の田ンボ 「放射線」「東京新聞(夕刊)」 1975年11月11日
㊹ ワラの火 「放射線」「東京新聞(夕刊)」 1975年11月18日
㊺ 桃源境 「放射線」「東京新聞(夕刊)」 1975年11月25日
㊻ スイス 「放射線」「東京新聞(夕刊)」 1975年12月2日
㊼ 蒸気機関車 「放射線」「東京新聞(夕刊)」 1975年12月9日
㊽ 二人目の子 「紙つぶて」「中日新聞(夕刊)」 1975年12月16日
㊾ 正月料理 「放射線」「東京新聞(夕刊)」 1975年12月23日
㊿ スーツケース 「のぞきめがね」「ミセス」 1971年1月号*
51 ブーツ 「のぞきめがね」「ミセス」 1971年2月号
52 傘 「のぞきめがね」「ミセス」 1971年7月号*
53 バッグ 「のぞきめがね」「ミセス」 1971年10月号*
54 ブルー・ジーン 「のぞきめがね」「ミセス」 1971年11月号
55 張り子の犬 「私の博物図鑑」「ミセス」 1972年3月号*
56 手袋 「私の博物図鑑」「ミセス」 1972年4月号*
57 脱毛 「私の博物図鑑」「ミセス」 1972年5月号
58 急須 「私の博物図鑑」「ミセス」 1972年6月号*
59 丼めし 「私の博物図鑑」「ミセス」 1972年7月号*
60 目張り 「私の博物図鑑」「ミセス」 1972年8月号
61 悪戯 「私の博物図鑑」「ミセス」 1972年9月号
62 鰯 「私の博物図鑑」「ミセス」 1972年10月号
63 落花生 「私の博物図鑑」「ミセス」 1972年11月号*

64 父と子 「私の博物図鑑」「ミセス」 1972年12月号*
65 人生劇場 血笑篇 「話の特集」 1972年6月号
66 ノグチヒデヨ・オン・TV 「小説新潮」 1977年1月号
67 メガネをくれる人 『赤塚不二夫1000ページ』(話の特集) 1975年11月
68 父、万作のかるた 「別冊太陽いろはかるた」 1974年11月
69 おなかの赤ちゃん、何してる? (レゴ・ブロックのPR)† 1975年秋頃
70 穀物の変形 「快食・快眠・快便」「オール讀物」 1976年8月号
71 子育ての大方針 「文藝春秋」 1975年7月号
72 酒の味 「文藝春秋」 1976年5月号
73 幸福男 『中国の不思議な役人』パンフレット 1977年2月
74 ぼくのおじさん 「文藝春秋」 1981年7月号
75 光源氏と大きな蠅の話 「太陽」 1967年7月号
76 徹底したナンセンス 「朝日ジャーナル」 1967年10月号
77 カブトムシの歌†
78 クレープ・シュゼット 「008」†
79 人がはいれる天火で 烤鴨子 「008」† 1966年10月22日
80 皮を作る楽しみ ペキン・ダック 「008」†
81 パーティーの酔っぱらい 「008」†
82 禁煙のテクニック 「008」†
83 たよりは自分の気持ち 「008」†
84 007ゴールド旅行 「毎日グラフ」 1965年5月9日号
85 ペタンクをしよう 「ぷろむなあど」「週刊読売」 1965年7月4日号
86 虫のような感じ 「服装」 1965年8月号
87 ショートヘアの計算 「服装」 1965年8月号
88 書きたくはないけれど 「装苑」 1965年9月号
89 料理のふしぎ 「婦人生活」 1965年9月号
90 〝スクエア〟な映画 「平凡パンチ」 1965年10月11日号
91 好味抄 「味の味」 1966年5月号
92 お洒落の真髄†
93 アメリカ製パリファッション 「シネモード」「婦人画報」 1966年4月号
94 映画だけの〝美人の二人連れ〟 「シネモード」「婦人画報」 1966年5月号
95 男らしいお洒落 「日本経済新聞」
96 最高級品 「SEVENエース」 1966年創刊号
97 〝ひとりぐらい〟は禁物 「わたしの助言」†
98 出物 「猫のあしあと」「毎日グラフ」 1968年6月16日号
99 午餐会 「猫のあしあと」「毎日グラフ」 1968年7月21日号
100 食べものごときに過大な興味を持つな†
101 父ノ思ヒ出 「映画藝術」 1947年1月号

ぼくの伯父さん 単行本未収録エッセイ集

2017年12月20日　初版第1刷発行
2023年3月7日　初版第4刷発行

著者……伊丹十三

発行者……佐藤真
発行所……株式会社つるとはな
〒101-0054　東京都千代田区神田錦町1-13
大手町宝栄ビル604
電話03-5577-3197
http://www.tsuru-hana.co.jp/

装幀・本文デザイン……島田隆
原画（伊丹十三）、遺品撮影……寺澤太郎
イラストレーション……矢吹申彦　和田誠
編集……松家仁之　北本侑理
編集協力……伊丹十三記念館 http://itami-kinenkan.jp/
校正……佐藤寛子
印刷・製本……株式会社シナノ

Printed in Japan
ISBN978-4-908155-06-2 C0095